조선후기 이진유 가계
유배가사 창작의 맥락과
작품 세계의 탐구

조선후기 이진유 가계
유배가사 창작의 맥락과
작품 세계의 탐구

남정희 지음

보고사
BOGOSA

이 논문 또는 저서는 2022년 대한민국 교육부와 한국연구재단의 지원을 받아 수행된 연구임 (NRF-과제번호)(NRF-2022S1A5B5A17046147)

머리말

조선 시대에 유배란 사형 다음의 중형이다. 유배는 사대부 지배층만이 아니라 중서배, 일반 서민, 그리고 천인에게도 해당되는 처벌이었다. 그런데 모든 계층에 적용되던 형벌이라도 그것이 정치적 의미가 강한 경우는 대부분 사대부였다. 가장 단순하게 말하자면, 유배란 유배자가 자신이 거주하던 익숙한 장소를 떠나서 가장 환경이 열악한 장소로 옮겨져서 고립된 삶을 살아가야 하는 것이다. 현대 사법 체계의 징역형과 비교해 보면 유배는 유배자에게 좀 더 폭넓은 자유와 개방적인 공간이 주어진다고 볼 수도 있다. 그렇지만, 유배자는 최소한 의식주의 해결도 쉽지 않았으며, 유배의 장소는 지역적으로도 가장 험악한 지세의 북변이나 인적이 드문 남해의 절도였다. 결국 이것은 왕조가 명령하는 사회적 고립과 배제를 의미했다. 이러한 버림받은 땅에서 유배자들은 언제 끝날지 알 수 없는 고통의 시간을 보내야만 했다. 그러나 그들이 겪었던 심리적인 불안, 육체적인 고통, 해결되지 못한 정쟁, 알 수 없는 미래 등은 아이러니하게도 문학적인 토양이 될 수 있었다.

우리 시가의 역사에서도 유배자가 부르는 노래는 아주 오랜 과거로부터 이어져 왔다. 더욱이 조선 시대에 오면 많은 사대부들이 정치적인 사건과 사고를 겪으면서 유배를 당했고 유배지에서 다수의 국문시가와 한시를 창작했다. 국문시가의 경우로 범위를 한정하면, 특히 유배가사문학이 조선시대를 관통하면서 하나의 장르를 형성하고 있다. 조선전기에서 후기로 이어지는 시간의 흐름 속에서 유배가사의 작자들은 유배의 체험과 유배길의 노정을 다채롭게 드러내면서 충신연주지사의 노래를 창작해 왔다. 분노와 좌절 속에서도 충간과 연군의 정서가 녹아들어간 다수의 유배가사 속에서 사대부들은 사대부로서의 정체성을 드러내고 교술과 서정을 조화롭게 혼합하여 의미 있는 시가문학적 성취를 이뤄냈다. 모든 문학 장르가 역사적 시간 속에서 변화의 국면을 맞듯이 유배가사 역시 그 전개 과정에서 조선후기에 오면 변화의 모습을 보여 준다. 사대부 유배가사의 정체성이 흐려지기도 하고 기행가사의 성격이 강해지기도 하며 연군의 정서가 변질되기도 하였다.

이 책에서는 조선후기 사대부 유배가사 속에서 매우 특징적인 국면을 보여주는 이진유 가계의 유배가사 작품들을 집중적으로 독해하고 있다. 18세기의 대표적인 소론계 명문인 이진유 가계에서 세대를 이어서 다수의 유배가사를 창작한 것은 매우 눈에 띄는 현상이다. 이진유는 급진 소론의 대표적인 인물로서 경종의 친위 세력이었고, 영조가 왕좌에 오르자 노론과의 정쟁에서 패배하여 실각했다. 그 결과 남해의 절도인 추자도로 유배를 당하게 되었다. 영조

시대의 정치 변동과 극심한 정파 간 대립 속에서 여러 옥사를 거치면서 이진유를 포함한 급진적인 소론 세력은 노론과의 경쟁에서 패배하면서 권력의 중심에서 거듭해서 밀려났다. 그리고 1755년의 을해역옥이 일어났을 때, 이진유 가계는 가장 심대한 타격을 입게 되었다. 이 당시에는 이미 고인이 되었던 이진유에게 다시 역률이 가해져서 반역의 낙인이 찍혔고 그 후손들은 모두 연좌되었다. 그러므로 아들 세대인 이광사, 이광명이 모두 유배를 당하게 되었고, 시간이 더 흘러서 이광사의 아들인 이긍익이 아버지를 시종하게 되었다. 이들 모두는 북쪽 끝 함경도 부령과 갑산에서, 남쪽 끝 절도인 추자도와 신지도에서 유배 생활을 겪으면서 유배가사를 창작했다. 그 작품들이 바로 이진유의 〈속사미인곡〉, 이광사의 〈무인입춘축성가〉, 이광명의 〈북찬가〉, 이긍익의 〈죽창곡〉이다.

 필자는 이 가문의 유배가사 창작에 대해서 몇 년 전부터 지속적인 관심을 가지고 있었다. 가문의 배경이나 극적인 문맥, 다수의 창작자, 가족 관계 등등이 얽힌 여러 요소들이 작품 속에서 내밀한 배경과 전제를 이루고 있을 것임을 충분히 짐작할 수 있었기 때문이다. 한 개인의 고통이 아니라 가문의 비극이 작품의 배경이 되고 있었다. 더욱이 18세기로 시기를 한정하면, 현재 남아 있는 사대부 유배가사 작품은 이 가계의 작품을 제외하고는 김춘택의 〈별사미인곡〉과 이방익의 〈홍리가〉 정도를 찾아볼 수 있을 뿐이다. 그러므로 이 가계의 유배가사는 조선후기 유배가사의 특징적인 모습과 변화를 설명하는 데 가장 중요한 텍스트라고 할 수 있다. 필자는 유배가사의 창작과 가문 내 구성원들의 정치적 흥망 사이의 상관 관계를 전제로 삼아서 연대기적인 순서에 따라서 개별 연구를 계속 진행하였다. 이진유의 〈속사미인곡〉에 대한 독해를 시작으로 후대의 작품들로 논의를 연장시켜서 유배의 체험과 의미를 밝혀보고자 하였다. 십여 년 기간 동안의 연구 과정에서 생각이 바뀌거나 관점이 달라지기도 하였다. 또한 관련 학계의 연구도 상당한 질과 양으로 축적되면서 이 작가들의 개인과 시대에 대한 이해도 더 깊이를 더해갈 수 있었다. 그러므로 기존의 연구들을 토대로 해서 작가들의 작품을 시계열 상에서 정리해 보고 작품 속에서 나타나는 주요 제재인 연군의 의미를 입체적으로 탐구해 보고자 하였다.

이 책에서 필자는 논의를 두 가지 지점에서 집중하고자 하였다. 첫째는 이진유와 그의 후손들의 유배가사 창작의 맥락을 시간의 흐름을 따라서 연대기적으로 짚어 보아서 변화의 지점들을 살펴 보고자 하였다. 두 번째는 작품을 독해하는 과정에서 각각의 작자들이 존재했던 창작의 문맥에 따라서 연군의 정서와 의미가 어떻게 변모하는지를 정치하게 읽어보려고 시도했다. 글을 쓰는 과정에서 Ⅰ장에서는 왜 이진유 가계의 유배가사의 창작에 우리가 주목해야 하는지를 논의의 필요성으로 밝혔다. Ⅱ장에서는 영조시대의 사대부 집단이 부딪히게 된 가장 심각한 문제였던 왕위 계승의 문제가 이진유 가계의 정치적 패배와 몰락에 관여하는 바를 서술했다. 그리고 경종과 영조로 왕좌가 교체되는 시기에 이진유가 선택한 정치적 입장이 이 가문에 어떤 그림자를 드리우게 되었는지를 상술해 보았다. 이어서 Ⅲ장에서는 이진유 소작 〈속사미인곡〉의 시공간을 구조적으로 분석해 보고 공개된 연군 의식의 이면에 존재하고 있는 의미가 무엇인지를 탐구해 보았다. Ⅳ장에서는 이광사와 이광명이 유배자가 될 수밖에 없었던 시대적, 정치적 맥락을 서술했다. 이진유의 죽음 이후에 어느 정도 평온한 일상을 영위할 수 있었던 이 가문의 후예들에게 다시 정치적 재난이 닥치는 과정을 살펴보았다. Ⅴ장에서는 을해역옥의 후과로 연좌에 걸려서 유배자의 신세가 되었던 이광사의 〈무인입춘축성가〉와 이광명의 〈북찬가〉를 비교해서 서로 다른 유배 인식과 연군의 의미를 살펴보았다. 그 과정에서 백부의 정치적 의리와 선택에 의해서 운명적으로 유배자가 되었던 두 인물이 왕과 자신의 시대를 어떻게 바라보는지를 고찰해 보았다. 마지막으로 Ⅵ장에서는 친부인 이광사의 배행자가 되었던 이긍익이 겪은 유배의 체험을 분석해 보았다. 이 가문의 정치적 비극이 마감되어 가던 시간에 관찰자의 시선 속에서는 엄혹했던 시간이 어떻게 지나가고 있는지를 살펴보았다.

   사대부 유배가사의 작자들은 유배자가 되어서도 일반적으로 작품 속에서 규범적이고 정제된 목소리를 드러낸다. 비록 원망과 분노가 내면에 자리 잡고 있을지라도 사대부의 정체성에 맞게 도덕적인 태도를 유지하며 충신의 목소리를 내고자 했다. 그러나 일반적인 경우에 작자는 스스로 죄를 지었다고 보지 않기에 억울하고 한탄스러운 감정을 드러낼 수밖에 없다. 또한 자신에게 형벌을 내린 왕이 동시에 해배의 주체이기도 하다. 그러므로 작자는 유배가사 작품 속에서 사대부로서 감당해야만 하는 윤리적 의무와 현실적인 고통 사이에서 겪는 여러 정서적인 반응들을 드러내고 있다. 그 감정의 결들은 작가마다 다르고 그것을 표현하는 방식도 다양하다. 그래서 얼핏 보면, 당위적인 주장들만 나열한 듯 보이는 어구의 뒤에도 말하지 못한 감정의 편린들이 남아 있기도 하다. 결국 유배가사 속에는 사대부 공동체 내부에서 공개적으로 수용되는 관념과 태도가 지배적으로 드러나지만, 그 표현의 양상과 방식은 조선후기로 갈수록 변하고 있었다. 그리고 이러한 변화는 이진유 가계의 유배가사 속에서도 중요한 부분을 차지하면서 표면과 이면에서 드러나고 있다.

고전시가 작품을 섬세하게 읽고 그 문맥을 재구하는 과정은 여전히 쉬운 일은 아니다. 유배가사의 연구에서도 유배라는 형벌을 주요 배경으로 한다는 명맥한 문맥에도 불구하고 작품들을 단순한 정치적 사건에 대한 결과물로만 보기는 어렵다. 사건은 일회적이지 않으며, 그 후과도 단순하지 않다. 작자가 경험한 삶과 느낀 감정, 지향하는 가치와 지켜야만 한다고 믿었던 신념이 하나의 유배가사 텍스트 속에 섞여 들어가 있을 것이다. 그러므로 가능하다면, 그 결을 하나씩 차곡차곡 따져보고 결과 결이 서로 만나거나 헤어지면서 만드는 새로운 의미는 무엇인지를 깊이 생각해 보아야 한다. 쉽지 않은 일이지만, 이것이 고전을 공부하는 재미라고 볼 수도 있을 것이다. 이 책은 이러한 탐구의 한 시도이기도 하다. 언제나 처음의 의욕과는 걸맞지 않은 작은 결과물이 되었다. 그럼에도 불구하고 이 책을 통해서 조선후기의 시가 창작의 한 단면을 그려보고자 하는 시도를 일부라도 그려낼 볼 수 있었다. 그리고 이 작은 성과물을 다음 단계의 연구를 위한 디딤돌로 삼고자 한다.

  늘 부족한 자식에게 언제나 마음의 안식처가 되어 주시는 다정한 어머니께 깊이 감사한다.

2025년 7월 남정희

목차

머리말 … 5

Ⅰ. 논의의 시작 … 15

Ⅱ. 영조 왕위계승의 정치맥락과 창작의 시공간 … 21
   1. 왕세제의 등극과 창작의 배경 … 22
   2. 이진유의 정치적 입장과 그 그림자 … 28

Ⅲ. 이진유의 〈속사미인곡〉에 나타난 유배의 형상화 … 39
   1. 유배지의 풍경과 유배의 체험 … 39
      1) 유배의 여정, 낙토에서 원악지로 … 40
      2) 유배지의 사시 생활과 체험 … 51
   2. 감군은(感君恩)의 이면과 연군의 의미 … 61

Ⅳ. 1755년 을해역옥 연루와 운명의 기점 … 78
   1. 을해역옥의 전후 사정 … 78
   2. 비극의 재현과 반역의 낙인 … 83

V. 이진유 후계의 두 갈래 유배가사 창작 ⋯ 101

1. 이광사의 〈무인입춘축성가〉에 나타난 송축 ⋯ 101
   1) 작품의 구조적 짜임 분석 ⋯ 101
   2) 유배지, 태평성대의 시공간 ⋯ 105
   3) 공적 의리로서의 연군 ⋯ 115
   4) 송축과 연군의 결합과 그 의미 ⋯ 122

2. 이광명의 〈북찬가〉에 나타난 유배 체험과 사친 ⋯ 131
   1) 유배의 시공간과 작품의 구조적 특징 ⋯ 131
   2) 사람다움과 사친(事親)의 정서 ⋯ 148
   3) 성군(聖君)의 효리(孝理) 안에서 효의 실현 ⋯ 156
   4) 두 후계의 유배가사에 나타난 유배 인식 ⋯ 163

VI. 비극의 종결,
이긍익의 〈죽창곡〉에 나타난 유배의 풍경 ⋯ 170

1. 〈죽창곡〉 선행 연구의 관점 검토 ⋯ 171
2. 1762년 즈음의 신지도 유배의 상황 ⋯ 174
3. 작품의 구조적 특성과 유배의 내용 ⋯ 185
4. 배행자의 시선과 연군의 의미 ⋯ 198

참고 문헌 ⋯ 205
찾아보기 ⋯ 211

I
논의의 시작

 이 글은 조선후기 유배가사의 전개에서 독특한 위상을 차지하고 있는 이진유 가문 일원의 가사 창작과 그 맥락에 초점을 맞춘다. 작자를 확정할 수 있는 18세기 사대부 유배가사는 송주석, 김춘택, 이진유, 이광사, 이광명, 이긍익에 의해 창작되었는데, 그들 중에서 송주석과 김춘택을 제외한 나머지 4명이 모두 이진유와 그의 후손들이다. 결국 영조 대의 사대부 유배가사는 모두 이진유 가계에서 창작된 것이다. 이러한 작품의 분포와 동일가문 구성원의 소작, 그리고 영조 대의 심각한 정치적 문맥을 감안할 때, 이 가계의 가사 창작은 의미심장하다고 볼 수 있다.
 기존의 연구에서 이진유 가계의 유배가사들은 유배가사의 史的인 구도에서 개별적으로 언급되어 왔다. 연구자들은 이진유의 〈속사미인곡(續思美人曲)〉을 상대적으로 더욱 주목하고 미인곡계 가사의 전통 속에서 이 작품이 후기적인 변모의 성격을 담지하고 있다고 보았다.[1] 후손들의 작품에 대한 연구에서는 주로 작자가 처한

---

1) 최현재, 「〈별사미인곡〉과 〈속사미인곡〉에 나타난 연군의식 비교 고찰」, 『우리말

현실적 상황을 고려하여 작품 속에 드러나는 연군의식의 표출 양상을 짚어보고자 하였다. 이광사의 〈무인입춘축성가(戊寅立春祝聖歌)〉와 이광명의 〈북찬가(北竄歌)〉는 주로 작품에 내재한 역사성을 해명하려는 차원에서 이루어졌다.[2] 〈북찬가〉는 연군보다는 사친을 강조하고 해배를 통해서 정계로 복귀하기보다는 귀향을 소원하는 작품으로 독해되었다.[3] 근래에는 유배 공간을 중심으로 분석하여서 〈북찬가〉에 대한 새로운 이해와 해석의 지평을 확대하고자 하였다.[4] 배행자의 입장에 있었던 이긍익의 〈죽창곡〉은 유배가사의 정체성이 약화된 작품으로 평가되었다. 결과적으로 가문 전체에 부과된 극한의 정치적 상황이 화자로 하여금 유배 사실에 대한 언급을 억제하도록 만들었다고 파악했다.[5]

앞선 논저들에서 연구자들은 이진유 가계에서 연속해서 유배가

글』 48, 우리말글학회, 2010, 177~202쪽. ; 고순희, 「18세기 정치현실과 가사문학 –〈별사미인곡〉과 〈속사미인곡〉–」, 『어문학』 78, 한국어문학회, 2002, 185~198쪽. ; 정흥모, 「영조조의 유배가사 연구–〈속사미인곡〉과 〈북찬가〉를 중심으로」, 『국어문학』, 국어문학회, 2008, 107~128쪽.
2) 최강현, 「〈무인입춘축성가〉에 대하여 : 해제 및 평가」, 『시문학』 24, 시문학사, 1973. ; 이재식, 「유배가사연구」, 건국대학교 박사학위논문, 1993. ; 주혜린, 「조선후기 유배가사의 서술방식과 내면의식」, 고려대학교 석사학위논문, 2014.
3) 노경순, 「이진유 가계 유배가사 연구」, 『반교어문연구』 31, 반교어문학회, 2011. ; 정흥모, 「영조조의 유배가사 연구」, 『국어문학』 45, 국어문학회, 2008. ; 김명준, 「〈북찬가〉의 주제 의식과 '효'의 의미」, 『Journal of Korean culture』 22, 한국어문학 국제학술포럼, 2013.
4) 최홍원, 「공간을 중심으로 한 북찬가의 새로운 이해와 접근」, 『국어국문학』 167, 국어국문학회, 2015.
5) 최홍원, 「정치적 행위로서의 글쓰기, 〈죽창곡〉과 감군의 정서」, 『어문학』 124, 한국어문학회, 2014.

사가 창작되었다는 점을 충분히 지적해 왔다.[6] 극심한 정쟁에 휘말린 소론 명문가의 일원들이 대를 이어서 유배가사를 창작했다는 사실은 눈에 띄는 일이었기 때문이다. 선행 연구는 주로 조선후기 가사의 변모라는 틀 안에서 이진유와 그 후손들의 작품에 나타나는 특징을 발견하고 그것에 의미를 부여하는 방식으로 진행되었다. 이러한 유형론적인 관점을 통해서 개별 작품에 내재하는 시대적 의미를 이해하는 근거를 마련할 수 있었다. 그러나 동시에 이미 선재하는 프레임 안에서 작품을 이해하기 때문에 작품 자체의 개별성이나 독자성을 충분히 읽어내기는 어려웠다. 그러므로 작품 창작과 생산의 문맥에 대한 고찰이 좀 더 심층적으로 이루어지고 그것이 개별 작품에 대한 보다 깊은 이해로 연결될 필요가 있다.

이진유와 그의 후손들이 지은 유배가사의 창작 상황은 여타의 전형적인 사대부 유배가사와는 이질적인 측면이 있다. 먼저 이들의 창작 문맥에는 전주 이씨 덕천군파 소론 가문이라는 생득적 환경이 선명하게 관여하고 있다. 이 소론 명가 구성원들의 유배는 이광사 세대의 인물들이 모두 유배지에서 죽은 후에 끝이 났다. 그리고 3대로 이어지는 유배가사의 창작은 1725년부터 1763년까지 일어났던 정치적 사건의 부침과 궤도를 같이 하여 전개되면서 연대기를 이룬다. 시간의 흐름을 따라서 1725년에는 이진유의 〈속사미인곡〉, 1755~56년경에는 이광명의 〈북찬가〉, 1758년에는 이광사의 〈무인입춘축성가〉, 1763년에는 이긍익의 〈죽창곡〉이 연이어서 창작되었

---

6) 노현순, 「이진유 家系 유배가사 연구」, 『반교어문연구』 31, 반교어문학회, 2011.

다. 이러한 백부에서 조카, 그리고 그 조카의 아들로 이어지는 창작은 작품의 내적 변화를 동반하고 있다. 결국 이 구성원들의 작품은 18세기 사대부 유배가사의 변모를 이해할 수 있는 중요한 모형으로 존재하는 것이다.

다음으로 이 유배가사의 창작자들은 동일한 성격의 유배자가 아니었다. 자신의 직접적인 정치적 행위의 결과로 유배를 당한 인물은 오로지 백부였던 이진유뿐이다. 이광사와 이광명은 백부의 대역률 추시로 인한 연좌에 의해서 유배자가 되었고, 손자 대에 이른 이긍익은 아버지 이광사를 봉양하기 위한 배행자였다. 그러므로 유배자가 유배의 여정과 유배지에서의 체험을 서술한 장르를 유배가사라고 규정한다면, 이 가계의 유배가사들은 그 유형적인 정체성을 오롯이 견지하고 있다고 말하기는 어렵다. 후세대로 갈수록 유배가사 장르를 특정하는 내포적인 기준들을 충족시키지 못한 채 그 외연은 확대된 것이다.[7] 즉, 이들 작품은 매우 독특한 존재 상황을

---

[7] 유배가사를 통시적이고 종합적으로 검토한 최근의 여러 논문에서도 여전히 유배가사의 개념과 범주를 규정할 때 연구자들 사이에서 일반적으로 수용되는 단일한 기준이 설정되어 적용되고 있지 않다. 대체로 창작자가 분명하게 유배자의 신분이었고 작품 속에 유배의 행로와 체험 양상이 드러나는 작품들을 유배가사에 귀속시킨다. 그러나 여전히 귀속이 어려운 작품들이 존재하고 있다. 〈무인입춘축성가〉의 경우에도 작품 내용 속에 유배의 현실이 지배적으로 드러나고 있지 않기 때문에 개별 연구자에 따라서 이 작품을 유배가사로 보지 않기도 한다. 이현주(「유배가사의 연구」, 전남대학교 박사학위논문, 2001), 정기철(「한국기행가사의 새로운 조명」, 역락, 2001), 우부식(「유배가사연구」, 충남대학교 박사학위논문, 2005) 등의 연구에서 〈무인입춘축성가〉는 유배가사로 규정되지 않았다. 반면에 이재식(「유배가사연구」, 건국대학교 박사학위논문, 1993), 주혜린(「조선후기 유배가사의 서술 방식과 내면의식」, 고려대학교 석사학위논문, 2014), 권현주(「유배가사에 나타난 세계관의 양상 연구」, 영남대학교 박사학위논문, 2019)의 연구에서는 〈무인입춘

보여 준다고 할 수 있다. 정치적으로는 당대 비주류인 사대부 가문의 구성원들이 3대에 걸쳐서 가사를 창작하고, 그 작품의 다수는 전형적인 유배가사의 범주로부터 벗어나는 경향성을 드러내고 있는 것이다.

효율적인 연구를 위해서 이 글에서는 두 가지 측면을 고려하여 논의를 진행하고자 한다. 첫째, 이진유와 그 후손들의 소작을 가문이라는 동질적 토대 위에서 가문 공동체의 의식 지향과 관련을 맺는다는 점을 전제한다. 그리고 개별 작가들이 서 있는 창작의 시점을 중요하게 여겨서 그들 사이의 관련성에 주목한다. 두 번째는 각 작가들이 겪은 유배의 실질적 내용이 다르기 때문에 가능하면 시대적 조건과 개인적 상황을 좀 더 상세하게 재구성해보려고 한다. 이러한 방향에 따라서 4명의 작가들의 가사 작품을 분석할 때, 구조적인 특징이나 정서적 질감, 의식 지향을 상호비교해 보려고 한다.

이 가문의 불행은 이진유의 정치적 입장이 영조의 조정에서 패배하면서 시작된다. 이진유는 유배형의 당사자였지만, 그의 후손들은 유배라는 운명을 겪게 된 것이다. 그리고 개별 작가들이 자신의 운명에 대응하는 의식 지향과 정서적 태도는 다르게 나타날 것이다. 그 대응 방식은 매우 구체적인 것부터 매우 추상적인 수준까지 가능할 수 있었다. 더욱이 영조 대의 탕평 정국 아래에서 왕에 의한 정치 보복이 가문 전체에 가해지는 참혹한 현실 속에서 고독한 유

축성가〉를 유배가사로 보고 논의를 전개했다. 또한 〈죽창곡〉은 창작자가 유배자가 아니라, 유배의 관찰자라고 볼 수 있다. 그러므로 이 경우에도 재고의 여지가 있다.

형지에서 고립된 채 창작된 유배가사는 보다 심층적인 해석이 필요하다. 이 과정에서 이진유, 이광사, 이광명, 이긍익의 유배가사는 각각 독립적이면서도 동시에 서로 연속적인 문맥에서 분석하고 해석할 필요가 있다. 그러므로 이 글에서는 이진유 가계의 유배가사라는 틀 속에서 개별 작품들을 치밀하게 독해해서 조선후기 사대부 유배가사 이해의 지평을 넓혀 보려고 한다.

II
영조 왕위계승의 정치맥락과 창작의 시공간

    소론의 명문이었던 이진유의 가문은 1721년 경종 즉위년부터 시작하여 영조·정조 년간에 이르기까지 가장 유동적이고 위험한 정치적 쟁투에 휘말려 있었다. 정치적 대립은 사건이 일어나고 있던 그 시간만이 아니라, 사건이 마무리되어 결론이 나고도 한참 동안 그 후과가 이어졌다. 이미 끝났던 사건이 다시 거론되고 할아버지의 죄업이 손자의 미래를 결정했다. 한편, 세대가 바뀌고 정지 지형과 상황이 변화하면서 이미 시비가 가려졌던 사건은 그 성격이 달리 규정되었으며, 그것을 마주하게 되는 후대의 유배가사 작자들의 입장도 변화했다. 동일 가문의 구성원이라고 해서 시종일관 동일한 정치적 입장을 유지한다고 볼 수는 없었다. 이진유 가계의 불행은 영조대 노·소론 갈등의 가장 첨예한 국면에서 일어났다. 왕권에 대한 생각이 변하는 시기인 18세기에 군사(君師)를 목표로 삼았던 군왕과의 대면은 유배가사 작품 내·외부에 긴장감을 불러일으키는 요소가 될 수 있었다. 이러한 점들은 유배가사의 창작에도 중요한 배경이자 동인이 된다. 그러므로 가문의 비극이 시작되고 이진유가 유배를 당하던 시기의 시대적 문맥을 먼저 검토해 볼 필요가 있다고 할 것이다.

1. 왕세제의 등극과 창작의 배경

노론과 소론은 경종 대에서 영조에 이르는 시기에 왕위 계승의 정통성을 두고 격렬하게 부딪혔다. 이진유는 신축년(1721)부터 소론 준론에서도 가장 강경한 자들의 모임인 김일경을 중심으로 한 급소[8]에 속했다. 이들은 숙종 사후에 권력의 토대가 굳건하지 않았던

---

8) 김백철, 『두 얼굴의 영조』, 태학사, 2014, 166쪽 각주 108./ 急少, 峻少, 緩少 등의 구분은 절대적인 당색을 의미하지 않으며 사안별로 상대적인 구분에 불과하였다. 건저, 대리 문제에 소론계는 모두 경종을 지지하여 노론을 토역하였으나 그 과정에서 왕세제(영조)에게 화가 미치는 것을 두고 입장이 나뉘었다. 김일경-목호룡 등 급소(급진파)는 강경 처벌을 주장하였고, 반면에 이광좌를 필두로 하는 준론(강경파)은 동궁 보호에 일조하였으며, 완소(온건파)는 한 발 더 나아가 동궁의 친위 세력이 되어 탕평 정책을 적극 추진하였다. 이들은 영조에 대한 입장 차이는 있을지라도 노론과의 명분 경쟁에서는 한 치의 양보도 없다는 점에서 범소론계로 분류되었다. 영조 즉위 초에는 준론 및 완론이 영조의 즉위를 돕고 급소를 처벌하는 데 앞장섰다. 무신란 진압 시 준론과 완론이 연대해 토역을 주도한 것과 같은 맥락이다. 신유대훈 이후 강경파였던 준론의 명분이 거의 사라지고 완론의 시대가 열렸다. 그러나 평화가 도래하자 노론과 명분 경쟁의 시기가 도래하였고, 대표적인 완론 탕평파를 상징하는 박문수, 이광덕 역시 준론으로 분류될 만큼 노론과 격렬하게 대립하여 준론화하였다. 을해옥사 시에 준론으로 지칭된 국왕의 친위 세력은 영조 초반 대부분 완론이었다. 오히려 전통적인 준소나 급소 등은 재야로 물러나 있었다. 조정에 출사는 하였으나 출세하지 못한 자들은 준소를 자임한 듯하며, 연좌로 아예 금고된 급소는 각종 괘서 사건을 일으키면서 복귀를 꾀하였다.

경종의 친위 세력이 되었다. 이진유는 신축소를 통해서 노론 4대 신[9]을 논파했던 7인 중의 한 명이었다. 이진유는 강경한 소론 준론이었지만, 목호룡의 고변으로 시작된 임인년(1722)의 옥사에서는 김일경의 입장에 완전히 동조하지는 않았던 것으로 보인다. 영조가 즉위한 이후에 김일경, 심단 등이 바로 처형당할 때도 화를 피할 수 있었다. 그렇지만 김일경의 일파로 움직였던 과거가 완전히 지워질 수는 없었다.[10]

경종이 왕위에 오른 이후에 얼마 지나지 않아서 경종의 후계에 대한 논의가 나타나기 시작했다. 선왕이었던 숙종의 의도가 명확하게 밝혀지지 않은 채 노론의 대신들은 연잉군으로의 후사 결정과 대리청정을 주장하였다. 실록에 기록된 것으로 보면, 경종의 건강에는 문제가 있었고 정치적 논의 과정에서 의사결정을 분명하게 하지 않았다.[11] 왕은 말을 아예 하지 않거나 대답을 회피하는 방식을 자주 선택했다. 그런데 아직 젊은 나이의 왕이었기 때문에 후사를 이을 아들이 없어도 성급하게 후계 문제를 거론하기는 어려웠다.

---

9) 노론의 대신이었던 김창집(金昌集)·이이명(李頤命)·이건명·조태채(趙泰采)를 가리킨다.
10) 이 글에서 신축년의 상소와 임인옥사의 전개에 대해서는 다음과 같은 사학계의 논저들과 그 결론들을 대부분 참조해서 서술하였다. / 정만조, 「영조대 초반의 정국과 탕평책의 추진」, 『조선후기 정치사의 재조명』, 범조사, 1985. ; 정만조, 「조선시대 붕당론의 전개와 그 성격」, 『조선후기 당쟁의 종합적 검토』, 한국정신문화연구원, 1994. ; 김성윤, 『조선후기 탕평정치 연구』, 지식산업사, 1997. ; 허태용, 「경종실록을 통해서 본 소론의 정치의리 검토」, 『민족문화연구』 60, 민족문화연구원, 2013. ; 박광용, 「조선후기 탕평연구」, 서울대학교 박사학위논문, 1994. ; 최성환, 「영, 정조대 충역시비와 황극의 역할」, 『한국사상사학』 66, 2020.
11) 『경종실록』 경종 2년 4월 17일, 4월 18일.

이런 상황에서 처음에 경종은 마치 노론의 움직임을 수용하려는 듯한 모습을 보였다. 그런데 왕의 입장은 불분명했고 소론의 반발이 격해지자 왕은 다시 정반대의 입장을 표명하기 시작했다.

경종이 영조에게 내린 대리청정이 철회된 후, 연이은 재변이 발생하자 경종은 구언(求言)의 하교를 내렸는데, 이를 기화로 김일경이 박필몽, 이진유, 이명의, 윤성시, 정해, 서종하 등 6인과 연명하여 조성복과 노론 4대신을 신하의 도리를 잃은 역적으로 탄핵하는 과감한 상소를 올렸다.[12] 이들은 상소에서 경종에게 영조의 대리청정을 요구하는 노론의 4대신들의 근간의 행적들을 낱낱이 거론하면서 이건명은 사기(辭氣)를 서로 더하고 조태채는 곁에서 속여서 꾀며 김창집은 거짓으로 임금을 명을 만들어내었다고 하였다. 이들은 나라를 위태롭게 할 흉적이니 왕은 성왕이었던 순의 도리를 따라서 이 난신적자들을 처리해야 한다고 호소했다. 이 신축 상소는 노론의 중요 인물들을 모두 왕의 반역자로 맹렬하게 탄핵한 것이었다. 이에 경종은 김일경의 상소를 뜻밖에 가납하고 심단을 이조판서에, 김일경을 이조참판에, 최석항을 병조판서에, 그리고 연명 상소한 박필몽 등을 대간에 임명하는 환국을 단행하였다. 이들에게 탄핵 당한 노론 대신들을 모두 유배 보냈고 조정은 바야흐로 급소가 지배하게 되었다.[13]

---

12) 『경종실록』 경종 1년 12월 6일.
13) 최성환, 「경종대 신임옥사와 충·역 의리의 귀결」, 『민족문화』 58, 민족문화연구원, 2021, 113쪽.

조정의 세력이 재편되고 왕실의 분열이 수습된 지 얼마 후 세제가 청나라로부터 책봉을 승인받았다는 소식이 전해지자[14] 세제의 지위는 상대적으로 더욱 안정되었을 것으로 판단된다. 그러나 환국 이후에도 경종의 통치력 부재는 변함이 없었기 때문에, 불안정한 세제의 지위가 근본적으로 바뀐 것은 아니었다. 이러한 국면에서 김일경 일파는 목호룡을 내세운 고변 사건을 재차 일으키고, 이를 대규모 역옥 사건으로 키우며 정국을 주도하였다. 목호룡은 노론 4대신의 자제들이 세제를 위한다는 명목으로 세제에게 오명을 씌우고 있으며 이들이 세 가지 수단 곧 대급수, 소급수, 평지수의 방법으로 경종을 제거하려 한다고 고변하였다.[15] 왕에 대한 암살을 고변했으니 이것은 피를 부르는 것이었다.

대급수란 노론의 자제였던 김용택이 역사로 알려진 백망에게 보검을 주어 숙종의 국상 때에 궁궐로 침입하게 하여 경종을 시해하려 했다는 것이다. 소급수란 김용택, 이천기, 이기지, 정인중, 이희지, 조흡 등이 은을 마련하여 궁녀 이 씨와 백 씨를 매수하고 상궁 지 씨에게 독을 쓰게 하여 경종을 시해하려 하였다는 것이다. 평지수란 국상 때에 궁성을 호위하여 소론의 출입을 막은 채 이희지가 지은 거짓 교지를 궁녀 지열과 환관 장세상을 시켜 반포하게 하고 영의정 김창집이 이를 봉행하는 형식으로 경종을 폐위하려는 계획이었다고 한다. 왕에 대한 시해, 독살, 폐위를 시도한다는 내용으로

---

14) 『경종실록』 경종 2년 3월 26일.
15) 『경종실록』 경종 2년 3월 27일.

용서 받을 수 없는 반역이었다. 목호룡은 고변서의 끝에 동궁인 연잉군도 연루되었음을 암시하는 말까지 덧붙였다. 그러나 옥사를 다스리던 관원들은 이를 삭제하고 기록하지 않았다고 한다. 그러나 애당초 목호룡의 고변은 김용택 등 노론 4대신의 자제들이 주도한 삼급수 모의의 배후로 노론 4대신과 세제를 설정하고 있었기 때문에 국문의 진행에 따라 4대신은 물론 세제도 위태로울 것이 분명하였다.[16] 형인 왕을 암살하고 아우인 세제가 왕위에 오르고자 했다는 혐의는 재위 기간 동안 영조를 계속 따라다녔다. 이진유의 경우에는 목호룡의 고변이 있기 전날에 이진유의 집에서 조태구, 최석항, 김일경 등의 모임이 있었다는 것으로 보아서 이 사건과 무관하다고 보기는 어렵다.[17]

신축소와 목호룡 고변 사건을 주도했던 소론의 급진 세력은 노론 대신들의 세제 건저와 대리청정 요구를 왕에 대한 불충으로 보았다. 이진유를 포함한 급소는 신축년 소에서 노론 4대신을 경종의 반역자로 명시하였다. 정적에 대한 이러한 강경한 자세는 이듬해 임인년 옥사를 더욱 확대시켰다. 국왕에 대한 암살 모의를 사실로 확정하고 한 발 더 나아가 왕세제를 그 배후로 여겼다. 그렇지만 세제에게 역모 혐의를 두느냐 하는 점에 대해서는 소론 내부에서도 의견이 갈렸다. 세제 보호를 기준으로 세제를 반역으로 취급한 급

---

16) 최성환, 「경종대 신임옥사와 충·역 의리의 귀결」, 『민족문화』 58, 민족문화연구원, 2021, 117쪽.

17) 최성환, 같은 논문, 119쪽.

소와 그렇지 않은 준소로 나뉘었다. 세제의 혐의를 인정하는 김일경, 유봉휘 등의 부류와 세제를 보호하려는 조태억, 조태구, 이광좌 등의 부류가 나뉘었다. 그러나 노론의 정치적 입장이 경종에 대한 반역 시도였음에는 두 세력이 인식을 함께 했다. 급소와 준소는 목호룡의 고변과 죄인들의 강요된 진술을 바탕으로 삼급수를 역모로 단정하고 노론에 대한 대대적인 국문과 처형을 단행했다. 그 대상자들은 위에서 거론된 인사들은 물론이고, 이들의 배후로 거론된 노론 4대신을 위시한 60여 명이 국문 도중에 물고되거나 사형에 처해졌으며 300여 명이 엄한 처벌을 받았다. 이런 가운데 세제도 소급수 역모에 관련되었다는 증언들이 공초에서 누차 나왔지만, 준소의 비협조로 결국 불문에 부쳐졌다.[18]

임인옥사가 일어나고 2년 후인 1724년에 경종이 숨을 거두고 영조가 왕위에 오르면서 급소가 주도하던 정국은 막을 내렸다. 영조는 숙종과 경종, 그리고 자신으로 이어지는 삼종혈맥의 강조를 통해서 왕위 계승의 정통성을 강화하려는 노력을 재위 기간 내내 계속했다. 특히 영조는 형이었던 경종과의 일체를 강조하였다. 영조가 경종에 대한 공경과 추모를 생애 내내 표현했던 것은 개인적 차원을 떠나, 왕위와 부채를 동시에 남겨준 선왕에 대한 일체감을 통해 정통성을 확보하겠다는 정치적 성격이 작동하였다고 보아야 할 것이다.[19]

---

18) 최성환, 같은 논문, 126쪽.
19) 최성환, 「영, 정조대 충역 시비와 황극의 역할」, 『한국사상사학』 66, 한국사상사

2. 이진유의 정치적 입장과 그 그림자

이진유는 소론 내에서도 가장 급진적인 정파였던 급소 김일경 등과 정치적 입장을 같이 했다. 그는 경종을 보위하는 과정에서 정적인 노론과 거침없이 싸웠고 임인옥사가 일어났을 때 노론 인사들을 가혹하게 다뤘다. 임인옥사를 처리하는 과정에서 금부 당상이었던 이진유는 한 도에 여러 유배자가 몰려 있으면 민심을 혼란시켜서 화변이 일어나기 쉽다고 주장하며 아직 유배지에 도착하지도 않은 유배자들을 다시 이배시켰다. 이 과정에서 영암에서 철산으로 유배지를 옮겨야만 했던 노구의 이희조가 배소에 도착하지도 못한 채 노상에서 죽었다. 『경종실록』의 찬자들 역시 비록 소론계의 인물들이었지만, 노론 산림인 이희조가 겪은 당화를 안타까워했고, 그러한 상황에서 옥사에 휘말린 노론들이 원한이 깊어질 수밖에 없었다고 보았다.[20]

이진유는 당대 소론계 인물들 사이에서도 그 인품과 행실로 비판받는 지점이 있었다. 주로 준소계 소론 인사들은 이진유가 교활하

학회, 2020, 169쪽.
20) 『경종실록』 13권, 경종 3년 11월 21일 정유. / 이진유가 본도의 장청(狀請)을 빙자하여 아울러 여러 적소(謫所)를 옮겼는데, '적객(謫客)이 한 도(道)에 모두 모여 있으면 인심을 혹란(惑亂)시키고 쉽게 화변(禍變)이 생기게 한다.'고 하면서 이런 대단히 심한 이론을 주장했던 것이다. 이때 여러 사람이 유배(流配)당한 지 얼마 되지 않아 남북으로 분주하게 귀양을 갔는데, 그중에서 이희조는 늙고 병들어 미처 배소(配所)에 도착하지도 못하고 길에서 갑자기 죽었다. 이희조는 유일(遺逸)로 직질(職秩)이 아경(亞卿)에까지 올랐고 일찍이 예우(禮遇)를 받았다. 아무리 그 헐뜯고 비방하는 것이 세상에 넘친다 하더라도 당화(黨禍)가 산림(山林)에까지 미쳐 원한이 날로 깊어지니, 그 실패를 서서 기다릴 수 있겠다.

며 임금을 섬기는 성실한 도리가 없다고 하였다.[21] 성격이 강하고 당론에만 뜻을 두고서 인물을 평가하고, 진퇴를 결정할 때도 개인적인 좋고 싫음에 따라서 공정성을 잃었다고 파악했다. 그러한 상황에서 이진유가 삼사의 탄핵을 지휘했다고 비난했다.[22] 이진유가 권세를 제 마음대로 휘둘렀으며 김일경, 박필몽 등과 함께 사당(私黨)을 결성하였고 김동필에게 논의를 억지로 끌어대서 그를 외지로 보냈다고 하였다.[23] 결국 신축소의 소두였던 김일경을 제외하고 소

---

[21] 『경종실록』 권12, 3년 6월 22일. / 부제학(副提學) 이진유(李眞儒)가 삼사(三司)의 여러 신하를 거느리고 청대(請對)하여, 김창집(金昌集)·이이명(李頤命)을 육시(戮屍)하고 김성(金姓) 궁인(宮人)을 찾아내어 정법(正法)할 일을 번갈아가며 일어나 아뢰었다. 오랫동안 다투어 그치지 않았으나, 임금이 모두 따르지 않았다. 헌부(憲府)에서 전계(前啓)한 민진원(閔鎭遠)의 일을 거듭 아뢰자, 이진유가 말하기를, "가율(加律)할 필요는 없고 종전대로 도로 정배하는 것이 마땅합니다." 하니, 임금이 허락하였다. 정청(庭請)할 때에 응락했던 여러 사람의 일도 임금이 역시 윤허했으니, 이진유가 힘써 다투었기 때문이었다. 민진원에 대하여 가율(加律)하라는 청은 오래도록 윤허를 내리지 않았는데, 이진유가 겉으로 '필요는 없고[不必]'란 두 글자를 빌어 속으로 찬배(竄配)하려는 계획을 성취시켰으니, 교활한 정상을 스스로 가릴 수가 없다. 이게 어찌 임금을 섬기는 성실한 도리이겠는가? 사람들이 모두 놀랍고 분하게 여겼다.

[22] 『경종실록』 권6, 2년 2월 3일. / 김흥경(金興慶)을 도승지(都承旨)로, 이태좌(李台佐)를 예조 판서(禮曹判書)로, 조태억(趙泰億)을 홍문 제학(弘文提學)으로. 이광좌(李光佐)를 예문 제학(藝文提學)으로, 이진망(李眞望)을 부제학(副提學)으로, 이진유(李眞儒)를 이조 참의(吏曹參議)로, 서명균(徐命均)을 병조 참지(兵曹參知)로, 홍만우(洪萬遇)·심공(沈珙)을 이조 좌랑(吏曹佐郞)으로 삼았다. 이진유는 성격이 강인(剛忍)하고 당론(黨論)에 용감하게 뜻을 얻은 뒤에는 시론(時論)을 주장하였는데, 인물의 진퇴(進退)를 한결같이 좋아하고 싫어하는 데 따라 하고, 삼사(三司)의 탄핵(彈劾)은 죄다 그에게 품(稟)하여 지휘를 받으니 대신(大臣) 이하가 모두 두려워하였으므로, 사람들이 자못 전첩(專輒:상관(上官)의 명령을 기다리지 않고 독단적으로 일을 처리함.) 한다고 비난하였다.

[23] 『경종실록』 권11, 3년 2월 25일. / 임금이 상신(相臣)과 비국(備局)의 여러 재신(宰臣)을 인견(引見)하였다. 우의정(右議政) 최석항(崔錫恒)이 말하기를, "무릇 외직

하 6인 중에서 가장 강하게 비난 받는 사람이 이진유였다.[24] 결론적으로 이진유는 급소의 정파적 이해관계에 매우 충실한 처신을 했던 것으로 보인다. 그러다 보니 정치적 대결 과정에서 공정성을 잃거

(外職)에 보임(補任)시키는 규례는 자리가 있는 대로 의망(擬望)하여 낙점(落點)을 받습니다. 만약 성상께서 특별히 출보하는 경우가 아니면 일찍이 자리를 만들어서 단부(單付)한 예(例)가 없었습니다. 지나간 해에 고(故) 상신(相臣) 김석주(金錫胄)는 삼학사(三學士)를 병출(屛黜)할 것을 청하고 자리를 지정하여 멀리 출보한 일에 있어 공의(公議)가 지금까지도 놀라고 탄식한다고 하였는데, 지금 이진유(李眞儒)는 좌이(佐貳)의 관원으로서 도리어 이러한 풍습을 본떴습니다. 만약 규경(規警)하는 방도가 없다면 곧 그릇된 예(例)를 이루어 장차 무궁한 폐단을 열게 될 것이며, 또 조정의 체통도 이로 인해 크게 무너질 것입니다. 박징빈(朴徵賓)은 이성(利城)에 잉임(仍任)시키고 김동필(金東弼)은 체개(遞改)하소서. 그리고 유수원(柳壽垣)은 경박하고 일을 일으키기를 좋아하여 조정을 궤열(潰裂)하게 만들었으니, 우선 파직하고, 광주(光州)와 예안(禮安)의 전임 수령은 잉임하게 하소서. 이조 참의(吏曹參議) 이진유는 그 본의가 비록 재억(裁抑)하는 데 있었다 하더라도 전첩(專輒)의 혐의를 돌아보지 아니하고 이처럼 전에 없던 행동을 했으니, 마땅히 본직(本職)을 갈아서 경솔하게 날카로운 과실을 경계하도록 하여야 합니다." 하고, 또 청하기를, "금후로는 괴격(乖激)하고 일을 일으키기를 좋아하여 조정을 괴란(壞亂)하는 무리는 모두 무거운 벌을 베풀어서 세도(世道)를 유지(維持)하고 조론(朝論)을 화합하게 하소서." 하니, 임금이 모두 그대로 따랐다. 또 영의정(領議政) 조태구(趙泰耉)를 돈소(敦召)할 것을 청하니, 임금이 유의(留意)하겠다고 하교하였다.
승지(承旨) 오명항(吳命恒)이 말하기를, "전에 입계(入啓)한 여러 신하들의 소장(疏章)을 연이어 정원(政院)에 내리시며, 혹은 환급(還給)하라 명하시고 혹은 이미 처분(處分)을 거친 것이라고 비답하셨는데, 중신(重臣)이나 삼사(三司)에서 일을 논(論)한 소장에 이르러서는 사체(事體)가 자별(自別)함이 있으니, 형세로 보아 장차 구별하여 앙품(仰稟)하겠습니다." 하니, 임금이 옳게 여겼다.
살펴보건대 이때 이진유가 조정의 권세를 제 마음대로 휘두르고 김일경(金一鏡)·박필몽(朴弼夢)과 사당(死黨)이 되었는데, 김동필이 소를 올려 김일경을 공격한 것을 미워한 나머지 망령되게도 선정(先正)이 조정(調停)한 논의를 끌어대어 김동필을 외지로 척보(斥補)하였던 것이니, 이에서 춘궁(春宮)을 위하여 마음이 없었음을 알 수 있다. 아! 통탄스런 일이다.
24) 허태용, 「경종실록을 통해서 본 소론의 정치 의리 검토」, 『민족문화연구』 60, 고려대학교 민족문화연구원, 2013, 306쪽.

나 무리한 결정을 내리거나 혹은 잔혹한 면모를 보인 것이다.

그러나 이러한 이진유에 대한 평가는 일방적인 측면이 있기도 하다. 영조가 소론의 손을 들어준 이후에 이광좌를 중심으로 한 준론 소론들은 자신들의 정치적 입장을 공고하게 하고 정국을 운영해야 했기에 왕세제 시절 영조를 위협했던 김일경 일파를 용납할 수 없었다. 준소가 조정에서 권력의 주도권을 잡으려면 소론 내부에서 영조의 왕위 계승에 장애물이 되었던 급소에 대한 징계가 필요했다. 그래야만 소론 준론의 정치적 의리가 왕에 의해서 지지받을 수 있었다. 그런데 이진유는 상대적으로 김일경에 비해서 옹호할만한 여지가 있었던 듯도 하였다. 준소의 대표적 인물이었던 이광좌는 이진유를 김일경과 구분하고 있다. 이건창의 『黨議通略』에 의하면, 이광좌는 이진유의 처벌을 말리는 자리에서 경종이 재위에 있을 때부터 세제(영조)에 대한 이진유의 태도가 김일경과 달랐음을 분명하게 지적하고 있다. 이진유는 세제를 공격하는 김일경의 지나친 태도를 탐탁하게 여기지 않았고, 힘써서 영조의 지위를 옹호했었다고 한다.[25] 또한 이진유 가문의 후손이었던 이건창은 준소의 대신들과 이진유 등이 김일경과 협력한 전력은 있지만 곧 결별하였을 뿐 아니라 연잉군을 보호하기 위하여 노력하였음에도 불구하고, 소론 완

---

25) 『黨議通略』,「英祖廟」, 光佐疏卞言 思晟泰徵 在乙巳時 亦嘗挺闖帥之望 非臣所獨薦引 因訟李眞儒之寃 曰向儉之變眞儒泣告 景廟曰 殿下不誅此奴 何顔復入 先王殯殿乎 壬寅北使來封世弟 皇旨曰 國王何有螽斯之慶 王其再奏 時諸宰會議所以對 眞儒曰名號已定 他日一王子生 何用煩奏 此義豈獨眞儒知之 當時之臣莫不然也 然眞儒之向 上赤心 皦然有如此矣.

론 탕평파들까지 노론에 동조하여 이들에 대한 성토를 지속하는 것이 '가짜 탕평'을 초래한다고까지 판단하였다.[26]

경종은 즉위 시에 노, 소론의 대립을 극심하게 겪었지만, 왕세제를 보호하고자 했던 의지는 분명하였다. 영조 역시 형제간의 우애와 왕통의 계승을 재위 내내 군왕으로서 자신의 정통성과 정당성을 보장하는 근간으로 삼았다. 혹독한 당쟁의 가운데에서도 경종은 아우였던 영조를 보호했다. 그러므로 급소가 벼랑끝까지 왕세제를 밀어부칠 수는 없었다. 영조 즉위 이후에 신축소 6인의 언급들을 보면, 경종의 의도를 왜곡해서 영조를 공격하지는 못한다. 그러므로 어느 당파라도 경종을 보위한 일과 왕세제를 공격하는 일을 등치할 수 없었다. 소론의 과격한 인물로 비난을 샀던 이진유는 영조가 즉위한 후에 곧 정치적으로 곤란한 지경에 내몰렸지만, 김일경이 바로 국문을 당한 것과는 다른 경로를 걸었다. 영조가 즉위한 해 10월 6일에 조정에서는 밀창군 이직을 정사로, 이진유를 부사로, 김상규를 서장관으로 삼아서, 청에 경종의 훙서를 고하고 영조가 정당하게 제위를 잇게 됨을 알리고자 하였다.[27] 이진유가 청으로 떠난 후, 12월 4일에 김일경이 경종과 영조를 욕 보이는 교문을 찬했다는 이유로 의금부에 끌려가 국문을 받게 되었다.[28] 김일경은 국문을 받은 지 한 달 정도가 지난 영조 1년 1월 2일에 국사범으로서 극형에

---

26) 『黨議通略』영조조, 323~326쪽. 최성환, 「이건창 가문의 당론과 『당의통략』서술」, 『대동문화연구』104, 성균관대학교 대동문화연구원, 2018, 145쪽에서 재인용.
27) 『영조실록』1권, 영조즉위년 10월 6일.
28) 『영조실록』2권, 영조즉위년 12월 4일.

처해졌고, 신축년 소하의 6인인 이진유, 박필몽, 이명의, 정해, 윤성시, 서종하는 모두 삭탈관직을 당하였다.

이진유가 청에 사신으로 가 있던 사이에 정국이 급변하고 있었던 것이다. 물론 영조가 즉위함에 따라서 신축년과 임인년의 옥사를 겪었던 노론의 공격은 예상 가능했을 것이다. 이진유의 삭탈관직이 결정된 사흘 후에 아우였던 예조판서 이진검이 형인 이진유가 신축년 소에 참여했던 점을 변명하였지만 수용되지 않았다.[29] 그리고 1월 25일에 이진유는 청에서 돌아오기도 전에 나주로 정배가 결정되었다.[30] 조정에서 유배형이 결정된 다음 달 2월 8일에는 청에 갔던 이직과 김상규가 돌아와서 그 공로를 치하받았지만, 부사로 갔던 이진유는 바로 귀양길에 올라야만 했다. 이진유가 비록 신축년의 소에 참여하고 김일경과 같은 급소였지만, 소 참여 이후에는 김일경과 서로 틀어졌다고 하였기에[31] 겨우 목숨을 부지할 수 있었다. 나주로 정배가 결정되었다가 다시 추자도로 이배되었고, 추자도에 유배된 지 3년이 지난 후에는 다시 나주로 이배되기도 하였다. 결국 1725년부터 1727년의 3년 동안, 이진유는 남해의 절도인 추자도에 유배되었다. 동시에 그 해 6월에 아우인 진검도 강진으로 유배되었다.

1710년대 후반 이래 신하에 의한 국왕 선택과 당파 간 권력투쟁

---

29) 『영조실록』 3권, 영조 1년 1월 5일.
30) 『영조실록』 3권, 영조 1년 1월 25일.
31) 『영조실록』 12권, 영조 3년 7월 3일.

은 지배 세력 간의 양립할 수 없었던 분열과 대립을 초래하였다.[32] 왕과 왕의 후계자였던 세제가 모두 암살의 위험을 겪었고, 각 당파의 정적들 사이에서 피를 부르는 대립이 있었다. 그러는 사이에 왕의 권위는 흔들렸다. 그러한 과정에서 영조는 선왕이었던 경종의 특별한 우애와 삼종혈맥이라는 세습적 정당성의 토대 위에서 왕위에 올랐다. 영조 즉위 직후에서 원년 정월까지 약 5개월 동안 왕은 소론 세력에게 당국을 맡기며 탕평을 주장했다. 이 탕평의 방식은 조제 보합의 형태를 띠기는 했지만, 궁극적인 의도는 왕세제 시절 자신을 지지했던 노론의 부상을 유도하기 위함이었다. 이와 같이 왕 역시 신하를 등용할 때 충의 규범적 윤리에 얽매이기보다는 현실적 권력의 재편을 염두에 두었다. 그리고 왕은 권력을 유지하는 과정에서 이데올로기로서 충의 윤리를 활용했다. 그렇기 때문에 노론 세력 역시 당론에 치중한 독주를 시도하자, 왕은 이것을 일시에 바꾸기 위해 다시 소론을 등용하는 정미환국을 시도하였다. 결과적으로 영조 원년 정월의 노론 정권 성립으로부터 3년 7월의 정미환국까지는 급소였던 이진유의 삶을 보호해 줄 수 있었던 중앙의 정파 세력이 차츰 사라지는 시간이었다.

  1727년 7월에 정미환국이 일어나서 소론이 다시 정권을 잡게 되고 경직되었던 대결적 분위기가 풀리자 10월에는 이진유 역시 육지로 이배되었다.[33] 그렇지만 추자도에서 육지로 이배하라는 명령이

---

32) 이종범, 「1728년 무신난의 성격」, 『조선시대 정치사의 재조명』, 법조사, 1985, 186쪽.
33) 『영조실록』 13권, 영조 3년, 10월 6일.

내리기 전까지 3년 동안 중앙에 포진하고 있었던 정적들은 38차례나 장계를 올려서 이진유를 공격하였고 영조 역시 스스로 이진유를 죽이라고도 하였다. 이때 이광좌, 심수현, 오명환 등의 옹호가 있었다. 이러한 엄혹한 분위기 속에서 유배지 생활의 고통을 감당하며 이진유는 1727년에 추자도에서 〈속사미인곡〉을 창작하였다. 그러므로 이 작품 속에는 이 시절 이진유가 겪은 삶의 고통과 내면의 불안이 절실하게 반영되어 있음을 짐작할 수 있다.

추자도에서 나주로 다시 이배된 후에도 불안정한 현실은 계속되었다. 이진유에게도 신축소의 소두였던 김일경과 동일한 형벌을 가하고 그 죗값을 치르게 해야 한다는 정적들의 요구와 주장이 계속 제기되었다. 게다가 영조 역시 이진유를 굳이 옹호할 이유가 없었다. 그러나 노론의 정적에 대한 강경한 보복을 수용하지는 않았다. 왕은 이때도 역시 어느 한 정파에게 불필요한 힘이 쏠리는 것을 막았다. 그러다 노, 소 간의 힘의 균형이 깨지는 사건이 일어났다. 그것은 1728년에는 소론 급진파와 남인 일부, 지방의 일부 상인과 노비들이 결합한 무신난(戊申亂)의 발발이었다.

이진유는 이 무신난 때문에 곤란한 상황에 처하게 되었다. 난의 주동 인물이었던 박필현의 군관인 조만성이 나주에 있었던 이진유를 찾아와 '근왕부경(勤王赴京)'을 종용하였지만, 오히려 이진유는 그를 나주영장에게 발고하였다.[34] 이진유는 연루 의혹을 받고 국문을 받았지만 무관함을 증명할 수 있었고 풀려나서 다시 배소로 돌

---

34) 『영조실록』 17권, 영조 4년, 4월 1일. 이종범, 같은 논문, 209쪽 참조.

아왔다.[35] 그럼에도 불구하고 이진유는 반란군과의 관계와 밀고의 의도를 의심받았다.[36] 유배지에서의 그의 처지는 점점 더 곤궁해졌을 것이다. 무신난 이후부터 영조는 확실하게 노론 위주의 정국을 시도하였으며, 소론 일부가 정국에 참여하였어도 그들은 이미 이진유를 보호하는 세력이 아니었다. 이 시기에 영조를 보좌했던 탕평파 소론 청류는 정미환국 이후에 소론에서 주도 세력이었지만, 이들은 경종 대부터 파붕당의 기치를 들었기 때문에 당론에 집중했던 소론 준론과도 정치적으로 대립하였다. 결국 이진유가 자신의 삶과 물리적 생명을 보존하기 위해서 기댈 수 있었던 소론 준론은 중앙 정계에서 정치적인 힘과 영향력을 잃어가고 있었다.

　이런 외부의 현실은 유배지에서의 이진유를 둘러싼 삶의 조건을 악화시켰을 것이다. 육지와 섬을 오가며 적소를 옮겨 다녔던 삶은 긴장과 공포의 연속이었음을 쉽게 추론할 수 있다. 정국의 변동과 무신난의 소용돌이 속에서 이진유는 유배자의 신분으로서 무기력했다. 무신난이 정리되고 2년 후인 영조 6년 경술년에 또 다시 모반 사건이 일어났다. 이진유는 결국 영조 6년에 발생한 이 사건 때문에 국문을 받다가 심문장에서 물고되었다. 영조 6년 경술년에 발생한 두 사건, 즉 궁궐에 뼈 가루를 들여와 세자궁, 빈궁, 궁궐 곳곳에 묻는 매흉과 음식물에 타서 세자, 옹주에게 먹인 화흉의 사건, 그리고 최필웅이라는 환관이 궁궐에 침입하여 화약을 훔쳐 방화하려 하

---

35) 『영조실록』 18권, 영조 4년, 6월 10일.
36) 『영조실록』 21권, 영조 5년, 2월 28일.

다가 발각되면서 미수에 그친 사건은 2년 전에 발생했던 무신난의 연장이었다. 갑술환국 이후 노론이 정치판도를 장악하고 이에 밀려난 남인과 소론은 노론 중심의 정국을 뒤집기 위해 무신년 이전부터 급수와 완수라는 두 가지 방법에 의한 정권 탈취를 계획하였는데 급수의 방법이 무신난이라면 완수의 방법은 경술년의 두 사건이었다.

이 사건을 조사하는 과정에서 무신년에 관련되었던 정사효, 권첨, 김중기 등과 그 이전에 김일경의 상소에 소하로 참여했던 이진유, 윤성시, 서종하, 그리고 괘서 사건에 관련된 사람들의 재조사가 다시 시작되었고 관련자들은 대부분 물고되거나 처형되었다. 나주 나씨, 청송 심씨, 사천 목씨 등을 비롯하여 남인, 준론 소론의 여러 가문들도 대거 연루되어 목숨을 잃게 되었고, 반역도들에 의해 추대되었던 여흥군 이해, 여릉군 이기도 결국 처형되었다. 경술년 사건은 무신난에 대한 2차 심판이었고 영조의 정통성 문제를 끊임없이 문제 삼는 소론과 남인들에 대한 영조의 일격이었다. 즉 왕위를 굳건하게 다지기 위한 영조의 노림수였다.[37] 이진유의 경우에도 무신난의 화는 피할 수 있었지만, 결국 경술년의 옥사는 피할 수 없었다.

모반의 당사자들은 모두 바로 처형되었고 이진유 역시 이들의 배후로 몰렸다. 결과적으로 1730년 6월 이진유는 다시 죄인으로 국문을 받게 되었고 반역의 무리와 관련되었다는 이유로 죽임을 당한

---

37) 조윤선, 「영조 6년(경술년) 모반 사건의 내용과 그 성격」, 『조선사연구』, 조선사학회, 2007, 232~233쪽.

다.[38] 이진유는 유배 생활 내내 지속적으로 정적으로부터 공격 받았고 역모 사건이 일어나면 매번 배후로 몰렸다. 그만큼 그의 유배 상황 역시 급박하고 위험했으며, 그 결말은 죽음으로 끝났다. 이렇듯 이진유의 〈속사미인곡〉은 실질적으로 삶과 죽음, 용서와 형벌이 상호 작용하면서 공존했던 불안하고 위태로운 삶의 시간 위에서 창작되었다. 그리고 이러한 이진유의 정치적 입장과 죽음은 그의 사후에도 가계의 후손들의 삶에 어두운 그림자를 드리웠다.

---

38) 『영조실록』 26권, 영조 6년, 5월 13일.

III
이진유의 〈속사미인곡〉에 나타난 유배의 형상화

1. 유배지의 풍경과 유배의 체험

〈속사미인곡〉[39]은 유배 체험을 제재로 하는 유배가사의 전형적인 외형과 틀로 이루어져 있다. 유배형의 확정, 유배지로 가는 길, 유배지의 정경과 그 속에서의 생활, 그리고 유배의 고통과 해배의 소망이 연속적으로 서술되고 있다.[40] 작품에서 화자는 유배의 고통이 현실화 되었던 추자도의 생활에 초점을 맞추고 있다. 이 장에서는 유배지까지의 여정을 공간의 이동과 함께 먼저 살펴보고, 다음 장에서는 유배지에서의 사시의 체험과 인식을 분석해 볼 것이다.

---

39) 〈속사미인곡〉의 의미 단락 구분은 다음과 같다. 〈속사미인곡〉은 4음보 1행으로 형식을 정하였을 때 전체가 187행으로 이루어져 있다. 서사 5행, 본사 177행, 결사 5행으로 구분할 수 있다.

1) 유배의 여정, 낙토에서 원악지로

작자가 추자도에 유락한 시기는 추자도에 유배된 1725년부터 1727년 10월 나주로 다시 이배했을 때까지의 시기이다. 작품 첫머리에 화자는 "삼년을 님을 써나 히도의 뉴락"한다고 했으니, 〈속사

단락	행	주요 내용
서사	삼년을 님을 써나 ~ 션음흔다 니르노쇠	유배지에서의 삼 년이 지남. 유배의 동기
본사 1	셔하의 식옥흐고 ~ 어드러셔 쏘드리다	유배형의 확정
본사 2	근귀압송은 ~ 님이신들 니즐손가	가족과 이별, 배소로 출발하고 유배의 여정
본사 3	호남길 더위잡아 ~ 도쳐의 망극흐다	나주 적소 도착
본사 4	시지욕살흐야 ~ 이에서 더홀손가	유배의 정치적, 실제적 원인, 군은
본사 5	님의 은혜 이럴스록 ~ 우리님 도으신가	추자도로 이배
본사 6	동방이 괴빅흐매 ~ 다시곰 새로워라	추자도 위리안치
본사 7	가을이 졈졈 깁고 ~ 무슴말을 슈작흐고	추자도의 생활, 가을
본사 8	엄동이 집허지고 ~ 싱닉의 처엄 보내	추자도의 생활, 겨울
본사 9	츈풍도리화야 ~ 빅악만 구비흐다	추자도의 생활, 봄과 여름
본사 10	샹인히물 홀 것 ~ 젼별흔들 뉘금흐고	유배자로서의 고통과 자탄
본사 11	천하의 무고흐니 ~ 거위아니 죠림흘가	무고 호소
본사 12	싱셩흔신 이은혜롤 ~ 눌 위흐야 단장흘고	보은
본사 13	고국의 도라갈 꿈 ~ 가태부 이갓흘가	해배 소망
결사	어촌원계셩이 ~ 여일망지 흐노라	연군

40) Ⅲ장, Ⅴ장, Ⅵ장에서 이루어진 유배가사의 내용 파악과 작품 분석은 다음의 졸고를 전면 수정하고 중요 개념들을 논리적 흐름을 고려하여 배치한 후에 논의를 진행하였다. 전체 글에서 논지의 연속성이 자연스럽게 이어질 수 있도록 하였고 후속된 연구를 통해서 새롭게 파악한 자료들을 보완하고 역사적 사실들을 검토하고 수정된 관점을 제시하였다. (「〈속사미인곡〉에 나타난 유배 체험과 연군 의식 고찰」, 『한국고전연구』 29, 한국고전연구학회, 2014. ; 「〈무인입츈츅성가(戊寅立春祝聖歌)〉에 나타난 유배체험 형상화의 이면과 그 의미」, 『한국고전연구』 32, 한국고전연구학회, 2015. ; 「1755년 을해역옥과 이광명의 〈북찬가〉에 나타나는 유배 체험과 그 의미」, 『이화어문논집』 57, 이화어문학회, 2022. ; 「이긍익 소작 〈죽창곡(竹牕曲)〉의 특징과 연군의 문맥 고찰」, 『동양고전연구』 79, 동양고전학회, 2020.)

미인곡〉을 창작한 시기는 유배지에서 3년을 지낸 후이므로 1727년 10월 이후로 볼 수 있다.

① 서사
삼년(三年)을 님을 써나 히도(海島)의 뉴락(流落)ㅎ니
내 언제 무심(無心)ㅎ여 님의게 득죄(得罪)ㅎ가
님이 언제 박졍(薄情)ㅎ여 날 대접(待接) 소(疎)히 혼가
내 얼골 곱돗던지 질투(嫉妬)흘산 즁녀(衆女)로다
유한(幽閑)호 이내몸을 선음(善淫)혼다 니ᄅ노쇠

화자는 스스로 유배의 이유를 자문자답하면서 작품의 첫머리를 시작한다. 서사에서는 얼굴 고운 여성 화자가 나타나 삼 년을 님을 떠나 해도에 유락했음을 밝힌다. 하지만 그 시간은 작자가 실제 겪는 유배의 삶이고 이러한 삶이 나타나게 된 것은 작자의 정치적 행동 때문이다. 작자는 자신의 무심함이 님에게 득죄하게 된 이유인가 하고 한탄하지만 실상은 그렇지 않다고 보았다. 화자는 님에게 죄를 얻지도 않았고, 님 역시 나에게 박정하거나 나를 대접하는데 소홀하지 않았다. 그러한 님과 나 사이에서 중녀들이 질투를 하고 모략을 한 것이었다. 그러므로 님과 나 사이의 관계를 다시 제대로 복원하면 정숙한 이 내 몸은 원래 그대로의 자리고 돌아갈 수 있다. 결국 화자의 유배가 중녀의 질투로 시작되었고 그것이 정당하지 못하다는 것이다.

여성 화자와 님의 관계 속에서 이별이 생겨났음을 보여 주면서

시작했지만, 이러한 전형적인 미인곡류의 설정은 본사로 이어지면서 바로 군신관계로 전환된다. 그리고 화자가 죄를 얻게 되었기에 유배자의 신세가 되고 유배길을 떠나게 되는 과정이 속도감 있게 전개된다.

② 본사 1
셔하(西河)의 식옥(栻玉)ᄒ고 샤쟈거(使者車)로 도라오니
봉황셩(鳳凰城) 다ᄃ르며 고국쇼식(故國消息) 경심(驚心)ᄒ다
황혼(黃昏)의 녯긔약(期約)을 다시거의 츠즐너니
참언(讒言)이 망극(罔極)ᄒ니 님이신들 어이ᄒ올고
시호(市虎)도 셩의(成疑)ᄒ고 증모(曾母)는 투져(投杼)ᄒ져
우리님 날밋기야 셰샹(世上)의 뉘 비(比)ᄒ올고
듕산방셔(中山謗書)를 협듕(篋中)의 ᄀ득두고
함졍(檻穽)의 건져내어 션디(善地)의 편관(編管)ᄒ니
구연셩(九連城) 노숙(露宿)ᄒ고 압녹강(鴨綠江) 밧비 건너
셩초(星超)를 부러오고 초교(草轎)를 ᄀ리시러
쳥쳔강(淸川江) 삼일우(三日雨)의 졍삼(征衫)을 다젹시고
셩야(星夜)의 질치(疾馳)ᄒ야 패슈(浿水)를 건너올시
일하음신(日下音信)을 어ᄃ로셔 ᄡᅩ드리다

청으로부터 국경을 건너올수록 고국의 소식은 날로 놀라운 것이었다. 화자에 대한 참언이 끝이 없었고 비방하고 거짓을 올리는 무리가 많았음에도 불구하고 우리 님은 나를 믿어서 끝내 죽이지 않고 좋은 땅으로 유배를 보냈다. 님이 "함정(檻穽)의 건져내어 션디(善地)의 편관(編管)ᄒ니"라고 했으니 그 명령을 따라야 하기에 길을 재

촉했다. 이에 화자는 밤낮으로 달려서 구연성, 압록강, 청천강, 대동강을 바삐 건넜다. 화자가 부사로서 일을 마치고 고국으로 돌아오는 길이 급하게 전개되고 있다. 급박한 리듬감을 보여주는 부분이며 조급한 화자의 심정이 드러나고 있다고 할 것이다. 황하 서쪽부터 북변을 거쳐서 남으로 한양까지의 먼 길이 휙휙 지나가듯이 서술되고 있다. 구연성에서 노숙하고 다시 걸어서 이제 죄인용 수레로 갈아타니, 청에 갈 때는 고위관료이고 왕의 대리자였는데, 모국땅에 돌아 올 때에는 죄인이 되었다.

본사 첫머리부터 화자는 여성이었다가 바로 남성으로 바뀌고 있다. 이 작품에서 여성 화자가 등장하는 방식은 특정 대목에서만 드러나서 극히 제한적이다. 이 작품에서 여성 화자는 작품 전체의 의미적 지향을 보여주는 실질적이고 지배적인 목소리가 아니다. 그보다는 어떤 감정의 증폭을 보여 주려는 시간이나 순간에 머물러서 일종의 수사적인 장치로 기능하고 있다. 화자가 여성이 되면 그 발화의 상대가 되는 님은 사적인 관계망 속에서 감성적인 교류가 이루어지는 사람이 된다. 그런데 이 작품에서는 실제 유배의 체험이 드러나는 본사의 거의 대부분에서 관료로서 사대부로서 작자의 정체성이 그대로 남성화자 본인의 목소리로 드러나고 있다.

③ 본사 2
근긔압송(近畿押送)은 고금(古今)의 초견(初見)이오
즈딜제직(子姪除職)은 이은(異恩)도 됴쳡(稠疊)ᄒ다
박명(薄命)ᄒ 이내몸의 님의 은혜(恩惠) 이러ᄒ니

녀관잔등(旅舘殘燈)의 피눈물이 절노난다
금오리금귀(金吾吏金澤龜)를 벽졔역(碧蹄驛)의 만나보고
션산(先山)의 잠간(暫間)드러 통곡(痛哭)ᄒ여 비별(拜別)ᄒ고
셩셔구틱(城西舊宅)의 가묘(家廟)의 하직(下直)ᄒ니
원근친쳑(遠近親戚)이 손잡고 니별(離別)ᄒᆞᆯ시
쳥운구붕(靑雲舊朋)은 안듕(眼中)의 드무도다
엄졍(嚴程)이 유한(有限)ᄒ니 경각(傾刻)인들 엄뉴(淹留)ᄒ랴
관악산(冠岳山) 십리디(十里地)의 숑츄(松楸)의 ᄒᆞᆫ눌쉬여
쳔니힝쟝(千里行裝)을 초초(草草)히 ᄎᆞ려갈시
죵남(終南)을 회슈(回首)ᄒ니 오운(五雲)이 의의(依依)ᄒ고
의릉(懿陵)을 쳠망(瞻望)ᄒ니 숑빅(松柏)이 챵챵(蒼蒼)ᄒ다
고신원누(孤臣怨淚)를 한수(漢水)의 ᄀᆞ득ᄲᅮ려
님 향(向)ᄒᆞᆫ 일편졍(一片情)을 참고ᄎᆞᆷ아 ᄯᅥ나가니
내 ᄆᆞ음 이러ᄒᆞᆯ제 님이신들 니즐손가

본사 2에서부터 이진유의 유배 상황이 본격적으로 드러나고 있다. 아직 정치적 쟁투의 결과가 일가 친족에게 미치지 않았기에 화자는 선지로 유배를 떠나게 됐고 왕은 그의 자질들에게 벼슬을 내려서 보호했다. 하지만 "청운구붕(靑雲舊朋)은 안듕(眼中)의 드무도다"에서 서술했듯이 높은 이상을 함께 했던 친우들은 곁에 남아 있지 않고 험한 노정은 화자 앞에 남아서 경각에도 머물 수 없었다. "금오리금귀를 ~ 초초히 ᄎᆞ려갈시"에서는 선산에 들리고 구택을 돌아보고 가묘에 하직하고 원근친척을 만나고 선산에 들려서 유배 길에 나서기 전에 해야 할 일들을 하는 실제적인 유배의 과정이 나타난다. 그리고 이 준비 과정에서 님을 떠나는 심정이 강조된다.

"죵남을 회슈ᄒ니"와 "의릉을 쳠망ᄒ니"는 영조와 경종 두 임금을 상징하는 것으로도 볼 수 있겠다. 한양의 안산인 남산을 둘러싼 오운이 의의하다고 하며 현왕의 치세를 강조했다. 이어서 의릉의 모습을 병렬하였는데, 의릉은 양주 문장산에 있는 경종의 능이다. 이 능을 둘러싼 송백이 창창하다는 말은 경종의 덕이 지금도 울창하게 뿌리를 내리고 있으며 그 아래에서 경종을 향한 화자의 충정이 변치 않음을 빗댄 것이다. 경종과 영조로 이어지는 두 왕의 충성스러운 신하로서 이별을 받아들이기 어려워 원통스러운 눈물을 흘릴 수밖에 없었다.

이 부분에서는 피눈물, 통곡, 손잡고 이별한다는 내용이 반복되면서 감정이 증폭되었다. 화자는 유배를 가도 그 자질에게는 관직을 제수한 '이은(異恩)'과 박명한 화자에게 베풀어진 '님의 은혜'가 거듭 강조되다가, 마지막 부분에서 화자는 스스로를 '고신원루'로 규정했다. 그리고 나의 애타는 마음이 이러하니 님도 잊지 않을 것이라는 소망 역시 덧붙였다. 화자는 자신이 처한 상황에 대한 원통함과 동시에 님의 은혜에 대한 감사함이라는 상반되는 감정을 지닌 채 남도의 유배지로 향하게 되었다.

④ 본사 3
호남(湖南)길 더위잡아 노령(蘆嶺)의 올나쉬여
북으로 도라보고 두세번 탄식(歎息)ᄒ니
부운(浮雲)이 폐일(蔽日)ᄒ야 경국(京國)을 못볼노다
금셩산(錦城山) ᄇ라보고 젹소(謫所)를 ᄎᄌ가니

남쥬대도회(南州大都會)의 낙토(樂土)를 처음보왜
쥬인(主人) 뎡스군(鄭使君)이 마조나 반겨ᄒᆞ니
거쳐(居處)도 과분(過分)ᄒᆞ고 의식(衣食)도 념녀(念慮)업다
망나(網羅)의 벗기신 몸 이곳의 언식(偃息)ᄒᆞ니
가지록 님의 은혜(恩惠) 도쳐(到處)의 망극(罔極)ᄒᆞ다

⑤ 본사 4
시지욕살(時宰欲殺)ᄒᆞ야 화식(禍色)이 충격(層激)ᄒᆞ니
도거정확(刀鋸鼎鑊)이 됴셕(朝夕)의 위급(危急)일새
졀도쳔극(絶島荐棘)으로 즁노(衆怒)를 막으시니
죵시(終始)에 곡젼(曲全)ᄒᆞ심 오ᄂᆞᆯ이야 더욱알다
션녁ᄉᆞ방(宣力四方)은 신ᄌᆞ(臣子)의 직분(職分)이라
봉사미로(奉仕微勞)를 일ᄏᆞ롤것 젼(全)혀 업다
젼후은포(前後恩褒)ᄂᆞᆫ 화곤(華袞)도곤 빗나시니
이죄위영(以罪爲榮)은 이더욱 망외(望外)로다
ᄌᆞ식(姿色)도 업손 내오 지덕(才德)도 업손 날을
무어슬 취(取)ᄒᆞ시며 무어슬 듕(重)히 녁여
언언(言言)이 쟝허(獎)ᄒᆞ며 ᄉᆞᄉᆞ(事事)이 두호(斗護)ᄒᆞ샤
비박(菲薄)ᄒᆞᆫ 이ᄒᆞᆫ몸을 다칠가 념(念)ᄒᆞ시니
엇그데 만난 님이 졍의ᄂᆞᆫ 닉듯서듯
님의ᄯᅳᆺ 나모르고 내ᄯᅳᆺ도 님모르며
무ᄉᆞᆫ일 이대도록 견권(繾綣)ᄒᆞ미 곡진(曲盡)ᄒᆞ고
ᄇᆡᆨ년(百年)을 ᄒᆡ로(偕老)ᄒᆞᆫ들 이에서 더ᄒᆞᆯ손가

이진유가 첫 번째로 도착한 유배지 나주땅은 낙토였다. 남주대도회로 유배를 와 보니 거처도 과분하고 의식도 염려할 바가 없다.

화자는 이곳에 와서야 비로소 마음을 놓을 수 있는 상태가 되었다. 유배인을 돌보는 보수주인인 정사군은 제 역할을 다해서 화자를 반겨주고 거처를 돌봐주고 의식을 챙겨주었다. 화자는 이 첫 유배지에서 다시 망극한 님의 은혜에 감복한다. 님은 그물에 걸린 몸과 같은 화자를 쉬게 해 주었고 끊임없이 화자를 공격하는 정적들의 분노를 막아주었다. 그리고 이러한 님의 보호가 이진유가 만나게 될 뻔 했던 엄혹한 상황을 피할 수 있게 하였다. 재상을 죽이고자 했던 위급한 상황, 극단적으로 보면 큰 솥에서 삶아 죽게 될 뻔 했던 화자를 남쪽의 대도회인 나주로 보내 준 임금의 은혜는 처음과 끝이 모두 온전했다. 임금은 성왕으로서 신하를 대하는 신의를 다 지켰으니 그 '전후은포'에 감격하고 죄가 오히려 영화가 되었다고 하였다. 그리하여 화자 역시 신자의 직분을 다할 뿐이라고 하였다.

⑥ 본사 6
님의 은혜(恩惠) 이럴스록 긔질(忌疾)홈은 더 심(甚)ᄒ외
희도(海島)도 하고한데 원악디(遠惡地)를 골나내여
빅년형극(百年荊棘)을 츄ᄌ도(楸子島)의 처음 여니
골육(骨肉)도 구시(仇視)거든 ᄂᆞᆷ이야 니롤손가
ᄒᆡᆼ니(行李) 다 ᄎᆞ리고 금오낭(金吾郞)을 기드릴싀
엇더타 우리 묘군(卯君) 금능(金陵)의 원뎍(遠謫)ᄒᆞ니
문운(門運)도 건둔(蹇屯)ᄒᆞ고 가화(家禍)도 첩쳡(疊疊)ᄒ다
월남촌(月南村) ᄀᆞ을밤의 긔회(期會)ᄒᆞ여 니별(離別)ᄒᆞ니
타향대침(他鄕對枕)은 이쪼흔 님의 은혜(恩惠)
격ᄒᆡ샹망(隔海相望)은 경뇌(瓊雷)나 다롤손가

니진항구(梨津港口)의 쥬즙(舟楫)을 뎡돈(整頓)ᄒᆞ야
동풍(東風)이 건듯불며 쌍범(雙帆)을 놉히다니
챵파묘망(滄波渺茫)ᄒᆞ며 물밧근 하늘일다
고도(孤島)를 지뎜(指點)ᄒᆞ니 흑ᄌᆞ(黑子)만 계유ᄒᆞ다
시야장반(時夜將半)ᄒᆞ매 광풍(狂風)이 뎝턴(接天)ᄒᆞ니
듕뉴실타(中流失柁)ᄒᆞ야 호흡(呼吸)의 위티ᄒᆞᆯ시
쟝년(長年)이 속슈(束手)하고 쥬듕(舟中)이 실식(失色)ᄒᆞ니
묘연(渺然)ᄒᆞᆫ 이 내몸이 ᄉᆞ싱(死生)이야 관계(關係)ᄒᆞ랴
ᄌᆡ싱(再生)ᄒᆞ신 님의 은혜(恩惠) 듕도(中道)의 귀허(歸虛)ᄒᆞᆯ가
감심(甘心)ᄒᆞ던 모은 원(願)을 오늘날 일워줄가
경ᄉᆞ(經史)를 묵숑(默誦)ᄒᆞ고 넷ᄉᆞ람을 싱각ᄒᆞ니
부강(涪江)의 뎡숙ᄌᆞ(程叔子)는 셩경(誠敬)으로 득력(得力)ᄒᆞ고
청회(淸淮)의 당ᄌᆞ방(唐子方)은 튱신(忠信)으로 힘닙으나
평싱(平生)을 쳠검(占檢)ᄒᆞ니 이 공부쇼여(工夫掃如)ᄒᆞ다
치셕(采石)의 챡월(捉月)ᄒᆞ던 니젹션(李謫仙)과 함긔 놀듯
샹슈(湘水)의 쟝어(葬魚)ᄒᆞ던 굴삼녀(屈三閭)를 거의 볼듯
봉창(篷窓)의 졍금(整襟)ᄒᆞ고 뎐명(天命)만 기드릴새

　원악지인 추자도 배소로 들어가는 뱃길은 고행길이었다. 이 배를 타고 가는 도중에 화자는 온갖 어려움을 만나나, 그것을 천명으로 알고 받아들이다 보니 살아남았다. 님의 은혜가 깊어지자 그것을 질투하는 자들도 더욱 심해져서 결국 화자는 원악지로 이배를 당했다. 나주에서 형제가 상봉하고 형인 이진유는 추자도로 떠나고 아우인 이진검은 강진의 배소로 갔다. 당시에 이진유, 이진검 형제는 이 가문에서 가장 현달한 이들이었다. 두 형제가 모두 남해의 극변

으로 유배를 당했기에 가문의 앙화는 더욱 심해졌다. 화자는 해남의 이진 항구에서 추자도로 떠나게 되었는데, 남해 바다는 출발 시에는 문제가 없었는데, 밤이 되자 광풍이 일어나서 하늘에 닿고 돛대를 잃어버릴 지경이 되어 풍랑은 점점 더 험악해졌다. 화자는 배 위에서 위태로운 지경에 빠지고 목숨조차 경각에 달렸다. 이 급박한 때에 화자는 다시 살려 준 님의 은혜가 허사가 될 것을 걱정하며 나의 목숨은 하늘에 달렸다고 자조하며 마음을 비운다. 그리고 겨우 위험에서 벗어나서도 사생조차 우리 님의 은덕으로 돌렸다.

삶과 죽음의 명이 따로 있고 화와 복이 하늘에 있으니, 마땅히 화자의 목숨도 하늘의 뜻에 달려 있다. 그런데 이 날의 살아남을 님의 도움으로 돌렸다. 그렇지만 실제 현실에서 화자를 이러한 지경에 빠지게 한 주원인은 님에게 있다. 그런데 화자는 자신의 겪는 고초를 모두 님의 탓으로 결코 돌리지 않는다. 심지어 이 고초를 죽음을 피하기 위한 방책이자 님의 선의와 호의라고 생각한다. 화자는 님이 이 유배라는 시련과 고통을 만들었다는 사실을 은폐한다. 그렇기에 화자가 처하는 상황이 계속 악화되더라도 님의 은혜는 더욱 깊어지는 것으로 표현되어야 한다. 그러므로 님의 선한 의도와 믿음, 사랑에 대한 기대와 소망은 화자가 처한 상황과는 별개로 계속 커질 수밖에 없다.

작품 속에서 유배의 공간은 이원화되어서 나타난다. 전라도 나주는 낙토이며 님의 은혜를 통해서 화자가 위험으로부터 벗어나는 공간이 된다. 이곳은 치유와 복권을 꿈꾸는 준비의 공간이 된다. 반면에 추자도 원악지이며 화자의 고단한 현실을 드러내면서 실질적인 유배의 삶이 시작되는 곳이다. 결과적으로 나주와 추자도는 외형적으로 보기에 낙토와 악토로 이원화된다. 그런데 시상의 전개를 따라가 보면, 추자도 역시 정치적인 공간으로 보자면 죽음이 유보된 공간이 된다. 이곳은 어떤 상황에서도 님의 은혜가 베풀어지는 곳이다. 그러므로 추자도의 삶이 비록 고난의 연속일지라도 화자가 무언가 새로운 삶을 기대할 수 있는 곳이기도 하다.

유배가사의 여정은 실제적으로 고통의 연속이고 그 최종 도착지 또한 고립이 극대화된 장소였다. 〈속사미인곡〉에서 화자는 개방적이고 넓은 공간에서 좁고 폐쇄적인 공간으로 이동하면서 점점 고립된다. 청 → 한양 → 나주 → 추자도로 가는 여정은 넓은 공간에서 좁은 공간으로, 중앙에서 주변부로, 정치적 활동의 공간에서 처벌의 공간으로 이동하는 것이었다. 그러한 공간의 이동 과정에서 화자는 중앙의 권력 집단의 일원에서 처벌과 감시의 대상인 타자로 바뀐다.

이러한 공간의 이동은 개인적 화자의 정서와 의식에도 당연히 영향을 미친다. 이때 유배자로서 받아들여야만 하는 외부 세계의 질서가 있고 화자 내면에는 죽음에 대한 공포가 공존한다. 이러한 공간으로부터의 해방은 왕[美人]의 의지가 작용해야만 가능하다. 이때 왕은 폭력과 억압의 주체이면서 동시에 용서와 시혜의 주체가 된다. 그에 대한 화자의 반응 역시 이중적일 수밖에 없다. 전자의 경우 저항해야 하는 대상이지만, 이 저항은 후자를 불가능하게 만든다. 그러므로 이러한 딜레마 상황과 그것에 기인한 내적 긴장이 자신을 둘러싼 세계를 바라보는 화자의 시선을 불안정하게 만들 수밖에 없다.

2) 유배지의 사시 생활과 체험

〈속사미인곡〉에서 실질적인 유배지의 체험이 드러나는 곳은 추자도이다. 나주땅에 대해서는 거소는 편안하고 음식이 풍족한 낙토라는 것 이외에는 구체적인 서술이 없다. 그에 비하여 추자도는 화자가 본격적인 유배 생활을 3년 동안 영위한 곳이었고 그에게는 시련과 고통을 동반한 장소였다. 과거의 기록에도 추자도와 제주도 등은 너무 열악한 유배 장소로 이름이 나 있었다.[41] 자연환경이 열악했을 뿐만 아니라, 유배자가 배소에서 생활을 영위할 수 있도록 지원할 수 있는 충분한 인프라가 구축되어 있지 않았다.

⑦ 본사 6
동방(東方)이 긔빅(旣白)ᄒᆞ매 소리고 낙범(落帆)ᄒᆞ야
셕긔(石磯)의 비를미고 도듕(島中)의 드러가니

---

41) 추자도는 삼국시대부터 강진에서 제주도로 가는 길목에 있어서 오고 가는 배들이 정박하는 섬이었다. 이 해역은 남서풍이 강하고 섬 자체도 사람 살기가 적합한 섬으로 여겨지지 않았던 절도였다. 조선후기에 와서 추자도는 17세기부터 감영에서 營屯田을 만들어 운영하기 시작했고, 이 이후로는 둔전을 관리하던 屯長이 추자도 유배인들을 관리하였다. 정조 대에 여러 논란을 거쳐서야 진이 설치되고 행정권력을 쥐었던 별장이 존재한 것을 알 수 있다. 그러므로 이진유가 유배 생활을 시작했던 1725년 즈음은 영조 즉위 원년이었기에 추자도는 유배지로 활용되고 있기는 하였지만, 그 행정적 시스템이 제대로 성립되었다고 보기는 어려울 듯하다. 김정호, 「추자도의 역사와 지명」, 『한국도서연구』 8, 한국도서학회, 1997, 3~4쪽.

촌낙(村落)이 쇼조(蕭條)ᄒ야 수십호어가(數十戶漁家)로다
풍우(風雨)를 무릅쓰고 와실(蝸室)을 ᄎᄌ드니
모ᄌ(茅茨)는 다눌니고 듁창(竹窓)의 무지(無紙)ᄒ대
샹샹옥누(床床屋漏)는 ᄆ른대 젼(專)혀 업다
말만ᄒ 좁은 방(房)의 조슬(蚤蝨)도 만홀시고
팔쳑댱신(八尺長身)이 구버들고 구버나며
다리를셔려 누워 긴 밤을 내와나니
쥬듕(舟中)의 젹신 의복(衣服) 어늬불의 몰뇌오며
일ᄒᆡᆼ(一行)이 긔갈(飢渴)ᄒ들 무어스로 구홀손고
ᄒᆡᆼ탁(行橐)을 썰어내니 수두미(數斗米) ᄲᅮᆫ이로다
빅쥭(白粥)을 뿌어내여 둘너안쟈 뇨긔(療飢)ᄒ고
복물(卜物)션 도박(到泊)ᄒᆷ을 일야(日夜)로 바라더니
여익(餘厄)이 미딘(未盡)ᄒ야 듕양(中洋)의 치패(致敗)ᄒ니
만ᄉ여ᄉᆡᆼ(萬死餘生)이 ᄉ라나미 다ᄒᆡᆼ(多幸)ᄒ나
결활(契活)이 무ᄎᆡᆨ(無策)ᄒ니 어이ᄒ야 지보(支保)홀고
십쟝형니(十丈荊籬)를 ᄉ면(四面)의 둘너치고
북편(北偏)의 궁글 두어 물길흘 겨유내니
구만리댱텬(九萬里長天)을 졍듕(井中)의 ᄇᆞ라보듯
듀야(晝夜)의 들니ᄂᆞ니 ᄒᆡ도(海濤)와 밍풍(盲風)이오
됴모(朝暮)의 섯두ᄂᆞ니 댱무(瘴霧)와 만우(蠻雨)로다
서식(棲息)을 미뎡(未定)ᄒ여 냥질(兩姪)을 니별(離別)홀시
댱부(丈夫)의 일촌간쟝냥항누(一寸肝腸兩行淚)를 금(禁)홀소냐
남관(藍關)의 별손(別孫)ᄒ던 한니부(韓吏夫)의 졍경(情境)이오
월강(越江)의 송뎨(送弟)ᄒ던 뉴ᄌ후(柳子厚)의 회포(懷抱)로다
압숑관ᄇᆡ별(押送官拜別)ᄒ야 님계신대 도라가니
경경(耿耿)ᄒ 일단심(一丹心)이 다시곰 새로워라

화자는 추자도에 도착해서 그곳의 삶을 시작했다. 화자는 1725년 정월에 유배가 결정되어 나주로 떠났고, 다시 7월에 나주에서 절도인 추자도로 이배되어 위리안치되었다.[42] 화자가 추자도에 도착했던 때는 여름이었다. 본사6에서 화자는 추자도의 비루한 처소, 열악한 자연환경, 그리고 도움을 기대할 수 없는 섬의 경제 상태를 차례로 언급하며 유배생활이 지난할 수밖에 없음을 직접적으로 서술했다.

해가 밝아오자 겨우 추자도에 도착하여, 배소에 행장을 풀고 주위를 둘러보는 과정이 서술되었다. 도착한 당일의 공간과 시간인데, "듀야(晝夜)의 들니ᄂᆞ니 히도(海濤)와 밍풍(盲風)이오/ 됴모(朝暮)의 섯두ᄂᆞ니 댱무(瘴霧)와 만우(蠻雨)로다"의 어구로 보았을 때, 어느 정도 시간의 흐름이 나타난다. 도착 당일의 충격과 살면서 경험하게 된 자연 환경을 그려내고 있다. 시점이 중첩되면서 앞으로 겪어야 할 고난이 어떨 것인지를 짐작케 하는 현장을 포착하고 있다. 작은 촌락에 어가만 수 십호가 있으니 의탁할 처지가 못 되고, 풍우를 뚫고 도착한 유배살이 할 집은 몸을 제대로 세우기도 어려웠다. 짐을 풀고 나자 허기를 채울만한 양식도 없어서 행랑을 풀어서 겨우 요기를 해야만 했다. 유배자인 화자 앞에는 위리안치의 물리적 고립과 굶주림이 기다리고 있었다. 더욱이 자질과의 이별은 가문으로부터의 완전한 고립을 의미하게 되므로 더욱 간절한 심사가 들어

---

42) 『영조실록』 3권, 영조 1년, 1월 25일(갑자), 『영조실록』 13권, 영조 3년, 10월 6일 (무자).

서 한유와 유종원의 고사를 덧붙여서 가족애를 거듭 강조했다. 그러나 결국 조카와도 기약 없이 헤어졌고 데려 왔던 압송관도 돌아가자 홀로 남겨졌다. 전체적으로 상황이 실제적으로 점점 악화되고 있음을 보여 준다.

다음 연속되는 시상 전개는 계절에 따라서 이루어지는 추자도에서의 유배생활과 고난이 나타난다.

⑧ 본사 7
가을이 졈졈(漸漸) 깁고 긱회(客懷)는 뇨락(寥落)ᄒᆞ대
송옥(宋玉)의 비추부(非秋賦)를 초셩(楚聲)으로 놉이읇고
뉴박이긱(柳朴二客)을 쵸쵸(悄悄)히 샹대(相對)ᄒᆞ야
용슬슈간옥(容膝數間屋)을 초창(草創)ᄒᆞ믈 경영(經營)ᄒᆞᆯ시
도듕(島中)의 모든 빅셩 딘심(百姓盡心)ᄒᆞ여 완역(完役)ᄒᆞ니
번토운와(番土運瓦)ᄒᆞ던 챵화현풍속(昌化縣風俗)일다
졔도(制度)는 추익(揫搤)ᄒᆞ나 거쳐(居處)는 쇼쇄(蕭洒)ᄒᆞ다
언앙굴신(偃仰屈身)ᄒᆞ미 이졔야 죠안(粗安)ᄒᆞ다
감군은삼ᄌᆞ(感君恩三字)를 벽상(壁上)의 대셔(大書)ᄒᆞ고
망미헌(望美軒) 편익(扁額)은 도듕(島中)의 뉘모로리
죵일폐호(終日閉戶)ᄒᆞ고 쥬셔(朱書)를 피열(披閱)ᄒᆞ니
의리무궁(義理無窮)홈을 늙게야 ᄭᆡᄃᆞᆯ다
됴작(鳥雀)은 본(本)더업고 오연(烏鳶)만 젹괴며
어두귀면(魚頭鬼面)ᄀᆞᆺᄒᆞᆫ 포한(浦漢)이를 만나보니
야록(野鹿)의 셩졍(性情)이오 믹만(貊蠻)의 어음(語音)일다
샹대믹믹(相對脉脉)ᄒᆞ야 무슴말을 슈작(酬酢)ᄒᆞᆯ고

이 부분부터 분명하게 계절의 바뀜이 나타난다. 추자도의 가을이 오고, 이어서 겨울이 나타난다. 화자가 추자도로 유배를 떠나게 되었을 때가 여름이니 가을과 겨울, 그리고 봄으로 이어지는 사시의 바뀜이 나온다면 전형적인 미인곡계의 계절 구조와 유사하다. 그런데 〈속사미인곡〉에서 시간의 구도는 이러한 정연한 사시의 전환을 분명하게 전제하고 있지 않다.

가을에 해당하는 부분부터 화자에게 유배는 새로운 성격을 띤다. 화자의 시선이 유배지의 백성에게로 돌려지고 그와 동시에 임금에 대한 의리가 함께 인식된다. 원래 사대부와 임금의 관계는 그 둘 사이에서만이 아니라 민(民)을 어떻게 이해하느냐에 따라서 달리 재정립될 수 있다. 화자는 가을이 점점 깊어질수록 객회가 쓸쓸해지면서 송옥의 비추부를 읊으며 충신이 쫓겨남을 애석하게 여기는 노래를 거듭해서 불렀다. 그러나 이런 와중에서도 손님을 맞고 백성과 힘을 합쳐서 집을 지었다. 그러자 그의 거처는 살만해져서 스스로도 '언앙굴신ᄒᆞ미 이제야 조안ᄒᆞ다'고 할 수 있는 처지가 되었다. 그리고 나자 군은에 감사하는 '감군은' 삼자를 벽상에 크게 써 놓았고 왕을 그리워하는 '망미헌'을 편액으로 달아놓아서 온 섬에 소문이 나도록 하였다. 임금의 은혜에 감동하면서 님을 소망하는 집에 거처하게 된 것이다. 그리고 종일 집 안에 있으며 주자의 책을 읽었다. 그리하여 얻은 결론은 "주자학의 의리"였다. 화자에게는 왕과 화자 사이의 의리가 가장 중요한 내면의 문제였던 것이다. 왕에 대한 그리움, 애정, 기다림이라는 감정만이 아니라, 체제의 질서인 의리가 왕과 화자를 잇는 기본이며 무궁한 진리였다.

백성과 힘을 합치는 그 순간에 군은을 되짚었다. 이것은 섬의 백성들이 임금의 백성이듯이 화자 역시 임금의 신하인 것이다. 그러므로 섬의 백성을 바라보는 화자의 시선은 여기서 따뜻하다. 그러나 이러한 시선은 일관성을 유지하고 있지는 않다. 유배지 백성은 진심으로 일하던 번토운와했던 이들이며 동시에 상대할 수 없는 야만이며 오랑캐이기도 했다. 백성은 화자가 기대는 존재이며 동시에 교화의 대상이다. 그들의 실생활과 삶은 화자가 추구하는 정신의 삶과는 대척점에 있었다. 그러므로 이때 화자는 적소의 백성을 길들이고 순화시켜야 하는 대상으로 본다. 그들의 삶은 화자에게 유배지에서 어떤 새로운 인식과 각성의 순간을 주지 않았다. 화자는 가을에 유배지의 생활에 익숙해지면서 유자로서의 일상을 어느 정도 되찾고 있을 뿐이었다. 다음으로 가을이 지나고 겨울이 왔다.

⑨ 본사 8
엄동(嚴冬)이 집허지고 뉵디(陸地)는 못 통(通)ᄒ니
냥식(糧食)도 핍졀(乏絶)거든 반찬(飯饌)이아 의논(議論)ᄒ며
염쟝(鹽醬)을 못먹거든 어육(魚肉)이야 ᄇ롤소냐
도듕슈십니(島中數十里)의 일년초(一年草) 희한(稀罕)하다
됴셕(朝夕)밥 못닉을제 방(房)덥기 싱각홀가
정됴대명일(正朝大名日)의 소(素)국의 썩을쑤어
갯믈의 저린 비츠 샹찬(上饌)으로 올나시니
어와 이경샹(景像)은 싱닉(生來)의 처엄보내

유배지 추자도에서 겨울은 가을과 대비된다. 가을은 주자의 의리

를 다시 한 번 깨닫고 자신을 성찰하던 시간이었다. 반면에 겨울은 오로지 혹독한 결핍의 시간이었다. 겨울이 깊어지면서 추자도는 육지와의 연결이 끊어졌다. 화자의 고립도 더 깊어졌다. 양식이나 소금 등 생활필수품들의 공급도 어려워졌다. 이러한 고립 속에서 화자의 생활고는 더욱 심해지지만 그것을 받아들이는 태도는 담담하다. '~하니, ~하랴'는 자문자답의 표현으로 화자의 주어진 환경에서 반찬을 거론할 때가 아니며 더욱이 고기 반찬은 바랄 수 없음을 나열해서 강조한다. 조석밥을 다 지을 정도의 땔감이 없으므로 방을 덥히는 난방은 다시 생각해 볼 필요도 없다. 이런 겨울의 현실을 가장 압축적으로 제시하는 것은 바로 정월 초하루의 광경이다. 화자는 정월 초하루 명절에도 고깃국을 먹지 못하고 갯물에 절인 배추가 좋은 반찬이 되었다. 한양 땅에서 나고 자라서 고위 관직에 오른 삶 속에서 한 번도 경험해 보지 못한 일이었다.

 가을의 평화로움과 겨울의 고통스러움은 대비된다. 가을은 16행으로 이어져서 평탄하고 길게 기술된 반면에 겨울은 실질적인 고통들을 간결하게 요약 제시해서 8행으로 마무리하고 있다. 이러한 진술 태도는 흔히 고통을 길게 서술하여 유배의 어려움을 드러내어야 한다는 자연스러운 요구와는 맞지 않아 보인다.

⑩ 본사 9
츈풍도리화(春風桃李花)야 못보다 관계(關係)ᄒ랴
ᄀ을이 다 딘(盡)토록 국화(菊花)를 못보거든
낙모가절(落帽佳節)의 축신(逐臣)을 뉘 우시며

녕균(靈均)이 여긔 온 듯 무어스로 석찬(夕餐)호고
삼하(三夏)를 열딘(閱盡)호고 고황(苦況)을 포끽(飽喫)호니
염증(炎蒸)도 그지업고 비습(卑濕)도 주심(滋甚)호다
승예문밍(蠅蚋蚊蝱)은 빅(百)가지로 쏘지고
샤갈오공(蛇蝎蜈蚣)은 수벽(四壁)의 종횡(縱橫)호니
훈일도 흥황(興況)업고 빅악(百惡)만 구비(具備)호다

가을과 겨울 이후에는 계절의 구분이 나타나지 않고 화자가 겪는 온갖 고통에 집중했다. 여름, 가을, 겨울에 이어서 봄이 와야 하는데, "츈풍 도리화야 못보다 관계호랴"라고 넘어 가면서 바로 가을이 다 지나가도록 국화를 못 보는 정황을 드러냈다. "춘풍도리화야 ~~ 무어스로 석찬호고"까지는 앞 선 단락에서 겨울 다음에 오는 봄의 내용이 와야 시상의 전개가 더욱 자연스러울 수 있다. 그리고 이어서 삼하의 여름에 겪게 되는 고통이 이어지면 사시의 흐름이 연속될 수 있다. 그런데 봄과 여름, 가을의 순서가 차례로 배열되지 않아서 시상의 전개상 의미적인 연결이 자연스럽지 못하다. 유배자의 입장에서 사계절 중에서 가장 견디기 어려운 때는 여름이다. 특히 상대적으로 봄과 가을보다 더 괴로운 것은 여름이었다. 그래서 더운 여름의 고통을 자세하게 상술하였다. 한여름의 열기와 뜨거움, 섬과 해안가의 습기와 염분, 집안에서 나오는 온갖 벌레 등의 괴로움을 나열하였다. 서울땅의 양반으로서 한 번도 겪어보지 못했던 현실적인 생활의 고통이 절절하게 드러났다.

⑪ 본사 10
샹인히믈(傷人害物) 홀 것 세상(世上)의 하도할샤
듕야(中夜)의 줌이업셔 옹금(擁衾)ᄒ고 니러안쟈
신셰(身勢)롤 ᄌ탄(自歎)ᄒ고 평싱(平生)을 무렴(撫念)ᄒ니
고로(孤露)ᄒ 이내몸이 ᄌ셩(子姓)도 업슨내오
쟝히(瘴海)의 병(病)이든들 구호(救護)ᄒ리 뉘이시며
반계(盤溪)예 녯 폐려(蔽廬)롤 뷔여신들 뉘 딕힐고
ᄉ셔텬권(賜書千卷)을 고각(高閣)의 못거시니
두셔튱(蠧書虫) 다먹은들 긔뉘라셔 포쇄(曝洒)ᄒ며
평쳔쟝만원화(平泉庄滿圓花)롤 젼벌(剪伐)ᄒᆫ들 뉘금(禁)ᄒ올고

유배지에서 겪는 현실적이고 실제적인 고통들을 겪으면서 그 속에서 외롭고 힘든 고단한 자신의 신세를 자탄했다. 자탄의 심사가 드러나자, 행복했던 시절과 장소를 떠올렸다. 그리고 멀리 떨어져 있는 서울의 집과 정원, 그리고 책들을 하나씩 따져 본다. 이 모든 것들이 설령 잘못되어도 그것을 바로잡을 사람도 힘도 없음을 한탄한다. 결국 평생을 거슬러서 생각해 보면 외로운 처지에 자손도 없어서 유배지 해도의 습기 많은 바다에서 병들어도 보살펴 줄 이조차 없다. 서울의 집에도 하사 받은 천 권의 책이 벌레를 먹어도 통풍해 줄 이가 아무도 없고 뜰 안에 가득한 꽃이 함부로 베어져도 금해줄 사람도 없다. 유배지에서나 서울에서나 외로운 신세를 자탄하였다. 그런데 이러한 고통과 어려움을 서술할 때는 군은에 대한 표출이 나타나고 있지 않다. 불만의 요소를 외부적으로 드러내지 않으려고 삼간 것이다.

하루와 사시의 조합이나 사시 속에 하루의 나열과 같은 시간의 진전과 순환을 나타내는 정연한 구조적인 틀이 만들어지고 있지 않았다. 반복적이고 계기적이며 연속적인 일상이 전개되지 못했다. 그것은 사대부로서 화자가 가지고 있는 균형감 있는 정서로부터 어긋나 있다고 볼 수 있다. 유배지인 추자도에서의 생활은 화자의 생애에서 처음으로 겪는 고통이었다. 이 고통은 구체적이고 가시적이며 몸으로 겪어서 아는 것이었다. 그러므로 물리적인 고통이 계속되면서 화자의 정서적인 반응도 점점 불안감을 드러냈다. 추자도에 입도한 후에 잠시 그 순간이 확장되기는 하지만, 그 이후에는 사시의 구분을 통해서 생활의 내용을 드러내는 구조를 만들고자 하였다. 그 과정에서 여름은 입도한 때의 그 순간이 확장되어 있는 반면에 가을과 겨울은 기억될 만한 순간이 지정되면서 그 부분이 확장되고 있지 않다.

실질적 생활이 전개되고 그 속에서 유배의 체험이 서술되고 있지만, 그 속에서 정연한 시간적 흐름과 질서가 그려지지 않았다. 이것은 사시의 반복과 순환, 사시 속에서의 하루의 배치 등을 통해서 삶의 안정적인 리듬과 연속성이 효과적으로 드러나지 않았다. 물리적 시간의 흐름과 그 속에서 어떤 기억될 만한 순간을 만들어내는 경험적 시간들이 자연스럽게 연결되지 않았다. 그러므로 일정한 방향성이 없는듯한 느낌과 인상을 만들어냈다. 이것은 유배자로서 화자의 내면에 존재하는 정서적 불안이 계기적인 시상의 전개를 막고 있는 것이다. 계절감을 분명하게 인지할 수 있는 가을과 겨울로 이어지는 서술에서도 화자의 태도는 성찰에서 결핍으로 이어진다. 그리고 이 결핍 상태는 해소되지 못한 채 다시 유배 생활의 고통을 강조하는 서술로 이어지고 결국 두고 온 서울의 집을 그리워하는 것으로 끝맺는다. 결과적으로 화자는 유배자로서 유배 생활 속에서 질서를 회복하여 내면의 불안정성을 극복하려는 시도를 하지 않았다고 볼 수 있다.

2. 감군은(感君恩)의 이면과 연군의 의미

〈속사미인곡〉에서 화자는 시상을 전개하면서 연속해서 군은(君恩)을 서술한다. 화자가 어려운 시간을 만날 때마다, 가혹한 조건에 처할 때마다, 혹은 시련을 넘어서 안도할 때마다 그는 임금의 은혜를 떠올린다. 화자는 "우리님 날밋기야 세상의 뉘비흘고", "함정의 건져내어 션디의 편관ᄒ니"라고 하여 우리 님이 나를 믿고, 함정에서 건져주고, 좋은 땅으로 보내주었다고 하였다. 이것을 돌이켜 생각해 보면, 누군가가 님에게 화자를 불신하도록 모함하고 함정에 빠뜨렸다는 것이다. 그러한 상황에서도 님은 나의 행적과 의도를 믿어주었다. 작품 속에서 님이 화자에게 보여주는 신뢰는 구체적인 행동으로 드러난다. 화자의 유배지를 선지(善地)로 정해 줄 뿐만 아니라, 화자가 유배를 가도 그 자질들에게는 관직을 제수하기도 했다. 그러므로 이것은 님의 특별한 은혜 '이은(異恩)'이 된다. 결국 이러한 님, 즉 왕은 화자에게 징벌자가 아니라 보호자이다. 실제 『실록』의 기록에서도 영조는 여러 반대 정파 신료의 공격에도 불구하고 이진유에 대한 그들의 견해들을 받아들이지 않고 있다.

　　삼사(三司)에서 청대(請對)하여 전일의 합계(合啓)를 거듭 올리고, 이어 그 흉악한 역적의 죄를 낱낱이 들어 빨리 윤허할 것을 청하였으나, 임금이 끝내 허락하지 않았다. 양사(兩司)에서도 전일의 합계를 거듭 아뢰었으나 윤허하지 않았고, 사헌부에서도 전일의 계사(啓辭)를 거듭 아뢰었으나 윤허하지 않았으며, 사간원에서도 전일의 계사를 거듭 아뢰었으나 윤허하지 않았다. 여러 신하들이 말하기를, "소하(疏下)의 오적(五賊)에게 정범(正犯)과 종범(從犯)의 구별이 없다고 하셨으니, 그렇다면 그들을 모두 죽여야 마땅합니다. 만약 구별이 있다고 한다면 이진유(李眞儒)·박필몽(朴弼夢)이 가장 흉악 교활한데 이 두 역적을 주살하면 뭇사람의 분노가 조금 씻어질 것이겠으나, 이미 다 주살하지 않았고, 또 구별도 하지 않았으니 국법을 시행하는 것이 사리에 어긋납니다." 하니, 임금이 말하기를, "나도 알지 못하는 것은 아니다, 단지 그 목숨만을 용서했었다." 하였다. 여러 신하들이 말하기를, "김일경(金一鏡)과 이진유(李眞儒)·박필몽(朴弼夢)은 진실로 이 사람 저 사람의 구별이 없는데, 김일경은 특별히 벼슬이 높았던 까닭으로 소두(疏頭)가 되었을 뿐입니다. 김일경은 죽이고 이진유·박필몽은 죽이지 않았으니, 뒤죽박죽이 된 것이 아닙니까?" 하니, 임금이 말하기를, "단지 그 목숨만을 용서했었다고 말했으면 그 죄를 알 것이다. 지난번 대간(臺諫)의 소에 대한 비답에서 '오적(五賊)' 운운하였으니, 내가 평상시 적이란 말을 거의 쓰지 않았는데 이미 '적(賊)'자를 쓴 것을 보면 나의 뜻을 알 것이다. 비록 극형을 사용하지는 않았으나 주살한 것과 무엇이 다른가? 목호룡(睦虎龍)이 고변하는 글이 나왔을 때 내가 서연(書筵)을 열지 않았더니, 조태구(趙泰耉)가 서연을 열 것을 청하였으므로 불러 보았는데, 그 당시 사람을 죽이는 것이 너무 심한 것을 경종(景宗)의 인후하신 성덕(聖德)으로 막고 시행하지 않았던 까닭에 저절로 눈물을 흘리며 말하였더니, 조태구는 마음을 움직이는 뜻이 없지 않았으나 이명의(李明誼)는 말씨가 뻣뻣한 것이 드러나게 불평하는 기색이 있었다. 그때 나는 이미 그의 심사가 흉악하고 참혹하다는 것을 알았으니, 그 죄가 어찌 이진유·박필몽보다 못하겠는가?" 하였다. 여러 신하들이 말하기를, "오늘 마땅히 머리를 동지(彤墀)에 부서지게 하여 준청(準請)에 기약할 뿐입니다." 하였으나, 임금이 끝내 허락하지 않았다.[43]

이진유가 유배를 간 이후에도 조정에서는 삼사와 양사의 여러 신하들이 이진유를 죽여야 한다는 견해를 계속해서 왕 앞에서 개진하였다. 신료들은 이진유가 소두였던 김일경과 다를 것이 없다고 주장하며 역적을 주살해야 한다고 거듭 주장했다. 그러나 왕은 자신도 또한 이진유를 죄인으로 보고 있다고 하면서도 사람을 함부로 죽이지 않았던 경종의 경우를 예로 들어서 신료들의 견해를 받아들이지 않았다. 신료들이 의견을 접지 않고 강경한 입장을 고수하자, 영조는 노론 대신이었던 이명의의 태도를 문제 삼으며 그 역시 불경함이 이진유나 박필몽 못지않다고 반박하기도 했다. 결과적으로 왕은 유배형을 당한 이진유를 보호하고 있는 것이었다. 이러한 왕의 태도는 계속 유지되어서 정미년에 조정의 경사가 있고 난 후에는 추자도에서 좀 더 상황이 좋은 육지로 이진유를 이배시키기도 한다.[44] 이진유의 생사를 결정할 수 있는 힘은 결국 왕에게 있었다.

---

43) 『영조실록』 11권, 영조 3년, 5월 12일.

유배 생활 속에서 화자는 군은에 감격하는 감군은(感君恩)의 태도를 거듭해서 강조하였다. 님은 유배지가 결정되던 순간부터 유배 생활 내내 끊임없이 화자를 공격하는 정적들의 분노를 막아주었다.

---

44) 『영조실록』 13권, 영조 3년, 10월 6일. / 이진유(李眞儒)·박필몽(朴弼夢)·윤성시(尹聖時)·정해(鄭楷)·서종하(徐宗廈)·이명의(李明誼)를 육지(陸地)로 나오도록 명하고, 박장윤(朴長潤)은 감등(減等)시켜 양이(量移)하도록 명했으니, 이는 영부사(領府事) 이광좌(李光佐), 판의금(判義禁) 심수현(沈壽賢), 이조 판서(吏曹判書) 오명항(吳命恒)의 청을 따른 것이다. 대개 이진유(李眞儒) 등 6인은 역적 김일경(金一鏡)의 상소(上疏)에 동참한 자들인데, 박장윤은 명릉(明陵)의 지문(誌文)을 고치자고 청한 자이다. 이때에 심수현이 아뢰기를, "신이 지난번에 김일경의 옥사(獄事)를 다스렸습니다. 그때에는 다만 교문(敎文)과 소어(疏語)만을 문목(問目)으로 삼았고, 신축년의 소장은 원래 거론하지 않았습니다. 단지 한때 소장에 동참했다는 것으로 소하(疏下)의 사람을 죄주었으니, 이는 매우 옳지 못한 조처였습니다. 더구나 그 소장의 내용에 어찌 죄줄 만한 일이 있었습니까? 그때 진신(搢紳)들의 소장이 처음 나왔을 적에 무직자(無職者)와 전함자(前銜者)가 모두 동참했는데, 신은 그때 소두(疏頭)로써 탄핵을 받고 고향으로 내려갔고 다른 사람들은 모두 사방으로 흩어졌습니다. 그런데 동참한 사람 가운데 서울에 있던 사람은 유독 김일경뿐이었는데, 그의 직질(職秩) 때문에 소두(疏頭)로 추대되었으며, 소장(疏章)도 그의 손에서 나왔습니다. 그리고 동참한 사람은 단지 한때 연명(聯名)만 했을 뿐이니 어찌 변별(辨別)하는 도리가 없을 수 있겠습니까?" 하고, 오명항이 나아가 아뢰기를, "나라에 큰 경사가 있었고 또 오늘 대처분(大處分)을 거쳤으니, 찬배(竄配)되어 있으면서 방송되지 않은 부류들을 순서대로 방송시키는 일이 있어야 될 것 같습니다. 저 이진유·박장윤 등 제인(諸人)은 해도(海島)로 찬배된 지 꼭 3년이 찼습니다." 하니, 임금이 말하기를, "박장윤이 지문(誌文)을 고치자고 청한 것은 너무도 생각하지 못한 처사였다. 개찬(改撰)한 뒤의 일을 어떻게 처리하겠는가? 이는 매우 망령된 일이다." 하였다. 이광좌가 잇달아 청하니, 임금이 말하기를, "당시 진신(搢紳)의 소장에 참여할 수 있는 사람이 어찌 7인뿐이었겠는가? 그런데 하필이면 김일경과 동사(同事)할 필요가 뭐 있겠는가? 상소 내용이 어쩌면 그리도 참혹하고 각박스러운가? 경솔히 의논할 수 없는 것이기는 하지만 찬배된 지 이미 3년이 되었고 더구나 국가에 큰 경사가 있는 때이니, 분별(分別)하는 도리가 없을 수 없다." 하고, 드디어 감등(減等)하여 육지(陸地)로 나오게 하도록 명하였다. 이진유(李眞儒)는 나주(羅州)로, 박필몽(朴弼夢)은 무장(茂長)으로, 이명의(李明誼)는 흥양(興陽)으로, 윤성시(尹聖時)는 영광(靈光)으로, 서종하(徐宗廈)는 무안(務安)으로, 박장윤(朴長潤)은 성주(星州)로 이배(移配)하였다.

그리하여 나를 보전케 했으니 그 은혜는 끝이 없고 따라서 신자(臣子)의 직분을 다할 뿐이라고 하였다. 백년형극의 추자도로 가는 길에 죽을 고비를 넘길 때에도 그 고난을 극복하고 화자가 다시 살아날 수 있었던 것은 모두 님의 은혜였다. 유배지에 도착해서 화자가 표현하는 절절한 은혜에 대한 감사는 살아있는 모든 순간을 님의 은혜로 환원시키고 있다.[45] 어두운 바다에서 뱃전으로 파도가 들이치는 사생의 순간에도 화자는 님의 은덕을 되새겼다. 그리고 어려운 고비마다 님이 만들어낼 낙관적 상황을 소망하였다.[46] 화자의 유배 생활에서 어려움이 지나간 다음에는 그것을 좀 더 나은 상황으로 바꿔줄 수 있는 현실적인 군은이 있다고 본 것이다. 이것은 결국 님의 권력이었다. 그렇지만 이러한 화자의 태도는 현재 화자가 겪고 있는 현실의 고통과 불안한 내면을 감추고 있는 것이었다.

⑫ 본사 11
천하(天下)의 무고(無辜)ᄒ니 나밧긔 쏘이실가
쥬문왕(周文王) 티기(治岐)ᄒᆞᆯ졔 인정(仁政)을 베프시면
가련(可憐)ᄒᆞᆫ 이내몸이 반드시 몬져들니

---

45) 한조각 남글 어더 긔계(器械)를 수보(修補)ᄒ니/ 젼위위안(轉危爲安)이 져근덧 ᄉ이로다/ ᄉ생(死生)이 유명(有命)ᄒ고 화복(禍福)이 ᄌ텬(在天)ᄒ나/ 오늘날 사라남은 우리님 도으신가
46) 시야장반(時夜將半)ᄒᆞ매 광풍(狂風)이 뎝텬(接天)ᄒ니/ 듕뉴실타(中流失柁)ᄒᆞ야 호흡(呼吸)의 위틱ᄒᆞᆯ식/ 쟝년(長年)이 속슈(束手)하고 쥬듕(舟中)이 실식(失色)ᄒ니/ 묘연(渺然)ᄒᆞᆫ 이 내몸이 ᄉ싱(死生)이야 관계(關係)ᄒ랴/ 직싱(再生)ᄒ신 님의 은혜(恩惠) 듕도(中道)의 귀허(歸虛)ᄒᆞᆯ가/ 감심(甘心)ᄒ던 모음 원(願)을 오늘날 일워줄가

텬디간(天地間) 독닙(獨立)ᄒ야 ᄉ방(四方)을 들너보니
우리님 아니시면 눌을 다시 의지ᄒ고
시운(時運)이 불힝(不幸)ᄒ야 쳔니(千里)의 ᄯ어나시니
내신셰 고혈(身勢孤孑)ᄒᆫ줄 님이 모르실가
긴 ᄉ매들고 안쟈 녯 건앙(愆殃)을 녁슈(歷數)ᄒ니
우직(愚直)ᄒ기 본셩(本性)이오 광망(狂妄)홈도 내 죄(罪)오나
근본(根本)을 싱각ᄒ니 님 위(爲)ᄒᆫ 졍셩(精誠)일시
일월(日月)ᄀᆞᆮ튼 우리님이 거위아니 죠림(照臨)ᄒᆞᆯ가

　화자는 내면에서 스스로를 무고한 사람이라고 인식하고 있었다. 그리고 한 발 더 나아가서 천하에서 나보다 더 무고한 사람이 없다고 했으니 억울한 심사이다. 그렇지만 화자는 이 억울함과 분노를 드러내지 않으려고 했다. 그보다는 내 죄가 무엇인가를 따져 보려 하고 그것을 되새김질 했다. 화자는 자신의 억울함이나 분노를 전면화하지 않고 오히려 님의 은덕과 시운의 불행함으로 시선을 돌리고 있다. 즉, 자세를 낮추고 내면의 소리를 은폐했다. 그리고 이러한 태도 아래에서 님과 화자, 임금과 신하의 현재의 관계가 뚜렷하게 서술되고 있다. 화자는 작품의 서두에서부터 시작해 님의 은혜 덕분에 자신의 목숨을 구했다는 점을 시종일관 서술했다. 불운과 님의 은혜를 짝을 맞춰서 되풀이하여 언급하였지만, 화자의 행동이 왜 이러한 결과를 가져오게 했는지는 드러나지 않았다.
　그러나 위 부분에서는 정치적 사건과 관련 인물 등에 대한 구체적인 정보를 제시하지 않았을 뿐이지, 현왕에 대한 이진유의 정치 의리(입장)가 분명하게 드러난다. 먼저 화자는 고대 성왕의 전범인

주문왕이 통치하는 기나라의 백성이 되고 싶다고 하였다. 그리고 그 성왕의 위치에 나란히 '우리님'을 두고서 스스로 이 님 외에는 의지할 곳이 없다고 하였으니, 당연히 화자 역시 그 님의 신하이고자 했다. 이것은 님의 인정(仁政) 아래에 있는 공정한 세상 속에서 화자 역시 님에게 의지한다고 한 것이다. 그런데 현재는 님이 이루어내는 왕국 속에 내가 의탁할 수 없고 이렇게 천리에 떨어질 수밖에 없는 형편이었다. 그것은 두 가지 이유 때문이었다. 첫째는 "시운이 불힝ᄒᆞ야"서이고 두 번째는 화자의 "우직ᄒᆞ기 본셩"과 "광망흠" 때문이었다. 화자는 시운을 따르지 못했고 더해서 본래의 성품과 행동이 문제를 가중시켰다. 그런데 화자가 시운을 조정할 수는 없지만 성품은 다스릴 수 있었다.

 정치적인 문맥에서 화자의 성품과 행동을 유추해 보면, 왕세제의 형이었던 경종에 대한 충심을 견고하게 지켜려다 보니, 그 후계자였던 영조에게 소홀함이 있었다는 것이다. 그러나 화자의 그러한 태도의 근본에는 두 왕에게 모두 충심을 다하는 "님 위흔 졍셩"이 있었음을 강조하고 있다. 즉 왕위의 연속성과 정당성이 영조에게 있었음을 인식하고 있었고 그 입장에 동조했다는 것이다. 그리고 그 점을 왕이 알아주기를 간절하게 소망하고 있었다. 화자는 유배형의 억울함보다 스스로 영조에 대한 정치적 입장을 더 명료하게 밝혔다. 아마도 이것은 전체 작품 속에서 화자가 계속 일관되게 전달하려고 한 메시지였을 것이다.[47]

---

47) 영조 5년 2월 28일 이양신의 상소에 보면, 그는 이진유가 유배지에서 가사를 지어

⑬ 본사 12
싱셩(生成)ᄒᆞ신 이 은혜(恩惠)를 결쵸(結草)ᄒᆞ기 긔약(期約)ᄒᆞ나
협ᄉᆞ(篋笥)의 츄풍션(秋風扇)이 어ᄂᆞ날 다시날고
쳥신(淸晨)의 혼ᄌᆞ누어 빅두음(白頭吟)을 슬피 읇고
황금(黃金)을 못어드니 댱문부(長門賦)를 어이사리
지하(芰荷)로 오슬짓고 부용(芙蓉)으로 치마지어
협듕(篋中)의 두어신들 눌 위(爲)ᄒᆞ야 단장(丹粧)ᄒᆞ고

서 도성에까지 흘러들어오게 했는데, 그 뜻이 요악하다고 비난했다. 그 의도가 무엇이었는지는 불분명하지만, 이진유 스스로가 〈속사미인곡〉을 통해서 도성 안팎의 사람들에게 어떤 메시지를 전달하려고 했다면, 그것은 바로 영조의 의리와 정치적 입장에 동조한다는 것이었을 가능성이 높다. 그렇지 않다면, 유배자의 입장에서 굳이 자신의 처지를 더 위험하게 만들 내용으로 가사를 창작할 필요가 없었을 것이다. / 『영조실록』 21권, 영조 5년, 2월 28일. (중략) 생각건대, 저 역적 이진유는 실제로 김일경과 박필몽의 흉모(凶謀)를 주관한 자임에도 무단히 배소(配所)에서 돌아왔으나, 끝내 정법(正法)하라는 명을 아끼고 계십니다. 전하께서는 과연 따뜻하게 베푸는 작은 은혜로 효경(梟獍)의 마음을 감화(感化)시킬 수 있다고 생각하시는지요? 아니면 섬에서 지은 가사(歌詞)가 진실로 임금을 사랑하는 정성에서 나오고 조만정(趙萬挺)을 잡아 바친 것이 족히 스스로 변명할 단서가 된다고 여기시는 것인지요? 그가 가요(歌謠)를 전파(傳播)시켜 도하(都下)에까지 흘러들어 듣게 한 것은 정상(情狀)이 매우 요악(妖惡)합니다. 더욱이 그 체포하여 바친 것이 또 역적 박필현(朴弼顯)의 군사가 궤란(潰亂)된 뒤에 있었으니, 스스로 흉계(凶計)가 성사되지 못할 줄을 알고 또 조만정을 팔아 스스로 모면할 계책으로 삼았음이 더욱 명백합니다. 정법(正法)을 청함은 실로 공의(公議)를 따른 것이니, 말감(末減)하여 섬에 그대로 둔 것은 이미 지극히 놀랄 만한 일입니다. 그런데 일종의 영호(營護)하는 무리들이 오히려 또 한결같은 마음으로 미봉(彌縫)하면서 마치 이 역적이 절조(節操)를 세운 것이 있는 양 여겼습니다. 그리고 전후의 처분이 또 말감에 따랐으니, 법에 의거하여 쟁집(爭執)하는 것이 내간(臺諫)의 체모에 있어서 진실로 당연한 것인데도 한번의 색책(塞責)도 아니하고 갑자기 정계(停啓)하였습니다. 이 무리들은 평일에 다만 사당(私黨)이 있는 줄만 알았지 전하가 계심은 알지 못하였으니, 통분을 견딜 수 있겠습니까?

⑭ 본사 13
고국(故國)의 도라갈 꿈 벽히(碧海)룰 문이넓고
옥누(玉樓) 놉흔곳의 야야(夜夜)의 님을 뫼셔
일당우불(一堂吁咈)의 슈답(酬答)이 여향(如響)ᄒ니
젼셕(前席)의 문귀(問鬼)ᄒ던 가태부(賈太傅) 이갓홀가

  결국 임금이 화자에게 베푼 것은 생을 영위하게 해준 '싱셩(生成)' 하신 은혜였다. 화자는 결초보은하길 기약하지만 유배자의 처지로는 불가능했다. 화자는 님에 대한 이러한 생각과 감정들을 고사를 나열함으로써 강조하고 있다. 사마상여를 위해 헌신했던 탁문군, 무제의 총애를 다시 얻기 위해서 황금 백근으로 사마상여의 〈장문부〉를 샀던 진황후의 고사를 가져왔다. 이 두 고사에서 아름다운 여인은 님의 사랑을 다시 얻기 위해서 정성과 진심을 다해서 할 수 있는 모든 일을 다했다. 그러나 천리 떨어진 절도에서 화자는 탁문군의 노래도 진황후의 황금도 없었다. 그러니 단장을 하고도 맞으러 갈 님도 없었다. 화자는 님이 계신 고국으로 돌아가 가태부가 효문제를 독대하듯이, 왕과 마주 앉아 고담준론을 하고 싶지만, 그것도 여의치 않았다. 결과적으로 화자는 사랑으로도 재주로도 황금으로도 충심과 학식으로도 보은은 불가능했다. 화자는 님을 만나서 그리워했던 정을 다시 나누는 것이 아니라 님에게 보은할 수 없음을 한탄했다. 화자는 관계의 회복보다 보은을 더 중요하게 여겼다. 보은하려고 하나 방법이 없고 그 안타까운 심사는 다시 여성 화자의 목소리로 나타난다. 그러나 살려 주신 은혜에 보은하는 것과 잃어버린 애정을 찾는 것이 꼭 일치하지는 않는다. 전자는 보다 규범

적이고 당위적인 성격이 강하다. 다시 님의 신뢰를 회복해서 님과 함께 보내고 싶은 마음을 가태부의 일화를 가져와서 기대하였다. 화자는 결국 여성이 아니라 신하로서 돌아가서 님에게 보은하겠다는 태도이다. 애정이 아니라 충정이다.

⑮ 결사
어촌원계성(漁村遠鷄聲)이 긴줌을 찌드르니
우리님 옥음(玉音)은 이변(耳邊)의 완연(宛然)ᄒ고
우리님 어로향(御爐香)이 의슈(衣袖)의 품여셰라
어느날 이내꿈을 진즛것 삼을손가
두려라 왕셔긔기지(王庶幾改之)를 여일망지(豫日望之)ᄒ노라

결사에서 화자는 추자도 바닷가 마을에서 닭울음 소리에 긴 잠에서 깨어난다. 꿈속에서 들린 듯한 님의 목소리는 귓가에 완연하고 임금의 거소에 있었던 향로의 향기는 옷소매에 스며든다. 화자는 꿈속에서 왕을 만났고 이 꿈이 어느 날엔가 현실에서 이루어질 것이라고 하였다. 궁극적으로 고국으로 돌아가기를 꿈꾸는 유배객 신하의 비유를 통해서 화자의 처지를 드러내고 있다. 님이 다시 화자의 충성을 의심하지 않고 불러주기를 기대하고 있는 것이다. 임금을 그리워하고 자신의 무고함을 드러내는 부분에서 화자는 여성으로 되었다가 남성으로 되었다가 그 정체성을 바꿔가면서 나타난다. 여성 화자의 경우에는 이미 떠난 님의 사랑을 다시 찾으려는 태도를 드러내며 남성화자의 경우에는 임금의 뜻에 따라서 유배길에 나선 충신의 가면을 가져온다. 작품의 종결부에 와서 감정은 계속 고

조되면서 결국에는 현명한 님의 처분에 자신의 운명을 맡기고 매듭을 짓는다.

〈속사미인곡〉에 나타나는 진술은 설득적이다. 화자는 서술을 통해서 님(임금)의 마음을 설득하려고 한다. 즉 님이 나를 더욱 믿어서 어려운 상황에도 불구하고 나를 해배하여 님이 있는 곳으로 돌아갈 수 있어야 한다. 하지만 화자는 님만이 아니라 다수의 청자에게도 자신의 처지를 각인시키고 스스로가 충신이라는 신뢰를 획득해야 한다. 이 신뢰(에토스)를 획득하려면 화자의 인성은 존경받을 만 하다는 것을 진술해야 한다. 그러나 자신의 성품을 드러내기보다는 자신을 공박한 이들이 문제가 있다는 점을 제시함으로써 거꾸로 화자의 인격을 돋보이게 한다. 동시에 이 과정을 여성 화자와 뭇 여성들 사이의 대립으로 치환하고 있다. 다수의 질투에 몸을 맡기는 화자의 상황을 강조함으로써 님과 나 사이의 신뢰 회복 역시 어려움을 짐작케 한다. 화자가 처한 고통이 리얼할수록 화자의 진술은 더욱 긴장감을 획득한다. 여정의 실제적인 서술들은 화자의 입장을 논리적으로 뒷받침한다. 동시에 앞서 거론하는 무고함과 결합되어서 화자의 대사회적 발언과 노골적인 연군의식이 강화된다. 이 작품에서 화자의 의도에 전제가 되는 것은 화자는 사대부이고 비록 임금의 벌을 받았지만 여전히 연군 이데올로기는 필수적이다.

〈속사미인곡〉에서 '군은'에 관한 서술은 서두에서 후반부로 갈수록 그 내용적 문맥이 변화하고 있다. 처음에는 중녀의 질투와 시기로부터 화자를 구해내는 정도이다. 중녀의 분노가 거세지자 그 상황을 모면하게 해준 것이다. 나주에서 원악지인 추자도로 화자의 이배가 결정되었을 때, 님은 곤란한 처지로 몰린 화자가 의식적, 무의식적으로 기대는 대상이 된다. 실제적으로 화자가 살아가는 유배지의 구체적 현실에서 님의 도움이 없음에도 불구하고 화자의 기대와 희망은 님에게로 향해 있다. 그러나 유배지의 생활 속에서 고난과 시련을 겪으며 화자는 자신의 과거나 행위, 그리고 내면을 성찰한다. 그 과정에서 화자는 이 유배의 원인이 타인이 아니라 바로 화자 자신에게 있음을 인식한다. 이때 화자가 할 수 있는 일은 유배자로서의 무고함을 주장하면서도 자신의 행위 자체에 있는 문제점을 지적하는 것이다. 그러므로 화자에게 님이 내린 유배형은 감수해야 하는 처벌이 된다.

　유배는 이진유에게 내려진 처벌이다. "반성, 사과, 용서구하기, 그리고 더 일반적인 의미에서의 상징적 교정은 대부분의 어떤 지배과정에서도 처벌 그 자체보다 더 필수적인 요소다."[48] 스콧에 의하면 자신의 죄를 후회하는 수형자는 일반적으로 기존의 질서를 복원하는데 약간이라도 기여한 것으로 간주된다. 그리고 이러한 행위는 처벌의 수위는 낮추게 한다. 이진유는 유배 생활 속에서 반성, 사과, 용서구하기 등의 태도를 견지한다. 〈속사미인곡〉에서 화자는 스스로 처벌을 수용하고 자신의 죄를 인식하고 다시 왕의 기존 질서 속으로 편입되기를 기대하면서 그것에 대한 정서적인 반응을 서술한다. 작품에서 화자는 자신의 행위와 태도에 대한 공개 사과 또

---

48) 제임스 C 스콧 지음, 전상인 옮김, 『지배, 그리고 저항의 예술』, 후마니타스, 2020, 115쪽.

는 공개 자백에 해당하는 "어리석은", "살피지 못한", "주색도 업손", "지덕도 업손", "박명흔" 등을 언급하는데 이러한 언술은 반성하고, 사과하고, 용서를 구하는 것이다. 이러한 교정을 통해서 화자는 님에게 용서를 구하고 그것에 대해서 님의 은혜가 베풀어진 것이다. 화자는 님이 자신을 용서하여 다시 돌아봐주기를 간구했다. 이러한 반성과 사과, 군은에 대한 감격은 화자가 왕이 구현하고 있는 상징적 질서를 자발적으로 수용하고 있음을 보여준다.

이진유가 유배를 당해서 추자도와 나주를 오고 가고 있을 때, 그와 그의 가문의 족친들은 이진유를 왕의 반역자로 보지 않았다. 당시의 정국에서도 이진유는 경종에게는 자신의 신하된 도리를 지킨 자였고, 영조에게는 재위에 오른 후가 아니라 왕세제 시절의 불경이 문제가 되고 있었다. 그러므로 비록 위험한 인물로 평가 받았을지라도 반역자로 몰 수는 없었다.

이 작품을 유배지에서 창작하고 있을 때, 이진유는 두 명의 왕을 그리워했다. 이진유는 스스로를 경종에게는 충신이고 심지어 영조에게도 불경한 죄인이 아니라고 인식했다. 이러한 자아 인식은 요동치는 정세 속에서 매우 불안정했고 그 점이 작품 창작 과정에서도 반영되었다. 작자에게 연모의 대상은 경종이었고 복종의 대상은 영조였다. 그리움은 과거에 있었고 공포와 두려움은 현재에 있었다. 사대부 유배자에게 왕은 그의 생사여탈권을 쥔 자였다. 동시에 유학자의 세상에서 늘 마음으로 따라야만 하는 군왕이기도 했다. 임금과 신하의 관계는 결국 도덕적 관계에 바탕을 둔다. 임금이 신하를 내쳤을 때는 그 행위가 도덕적 기준에서 어긋났기 때문이다.

실질적으로 왜 그랬는지와 상관없이 명목적인 이유는 그렇게 설정된다. 그런데 이때 양자의 관계에서 임금의 도덕성은 의심 받을 수 없다. 임금의 도덕성이 의심 받는다면 통치 시스템 자체에 균열이 오기 때문이다. 그러므로 유배를 당한 작자는 자신의 행위를 방어하는 동시에 가해자에 해당하는 군주의 행위 역시 옹호해야 하는 윤리적 딜레마 상황에 놓인다. 그리고 이런 내면의 갈등은 작품 속에서 주요한 정서적 충동 장치가 될 수 있다.

화자가 유배형을 내린 영조에게 보이는 태도는 관습적이고 규범적인 모습이다. 그런데 이러한 관습적 태도가 작품 전제를 지배하는 군은의 정조를 강조, 재강조하고 있다. 추자도에서 3년이 지났을 때에도 이진유의 목숨은 여전히 위태로웠다. 이때 화자가 매달릴 수 있는 규범은 왕과 신하 사이의 고래로부터 구축되어 있었던 안정된 질서였다. 이 질서로부터 벗어나는 순간 시적 화자는 목숨을 위협받는 상황이었다. 그러므로 그 안정된 질서 속으로 편입되기 위해서는 보수적인 틀을 작품 내부로 가져오고 자신의 체험 역시 그 틀을 강화할 수 있는 수준에서 절실성을 담보하도록 해야 했다.

화자는 현재의 살아 있는 권력인 왕의 도덕적·정치적 입장과 판단을 따른다. 이때 왕은 화자와 사적인 관계로 만나거나 정을 나누는 사이가 아니다. 왕은 일종의 제도이자 규범의 기준으로 존재한다. 그리고 〈속사미인곡〉에서 화자는 이러한 왕과의 동일성을 강조한다. 이미 사대부 집단의 경험과 역사적 기억으로 고착화된 충 관념과 연군의 정서에 기대고 그것으로부터 님과의 동일성을 찾으려는 시도가 나타난다. 이럴 경우에는 비록 세제 시절에 화자가 반역으로 대립했던 왕이라도 그가 즉위 후 왕의 위치에 섰을 때에는 보편적인 충의 관념이라는 공통항에서 화자와 서로 공명할 수 있다고 본 것이다. 그러므로 작품 속에서 드러나는 님의 은혜는 이진유에게만 해당되는 개별성과 구체성을 띠는 것이 아니라 이러한 사태를 만났을 때는 임금의 덕이 일반적으로 어떻게 드러날 것인지를 추측케 하는 것으로 표현된다.

이 작품 속에 드러나는 연군의 정서는 결국 충역의 논리 위에 서 있다. 시적 화자는 연군의 정서를 계속해서 노골적으로 드러냄으로써 비록 유배라는 정치적 입지에 놓여 있지만, 충역의 시비로부터는 자유롭고자 하는 의도를 반영하고 있다. 즉, 일시적인 정치적 패배나 부분적인 죄를 인정할 수 있지만, 왕에 대한 반역이라는 관점은 수용하지 않으려고 한다. 그러므로 그러한 현실을 시적으로 부정하기 위해서 계속해서 연군의 정서를 서술한다. 이때 연군의 정서는 가상의 공간을 설정하지 않고 직서적으로 드러낸다. 이러한 직서적인 서술은 화자가 처한 상황이 허구를 통해서 문학적인 재현으로 드러낼 만큼 여유롭지는 않다는 것이다. 화자는 직접적으로 자기 자신을 옹호할 수 있는 발언을 작품 속에서 드러내고 있는 것이다.

유배가사는 결국 유배형의 주체자였던 왕에게 작자가 보내는 감동의 정치 심리가 표면화된 것이었다. 〈속사미인곡〉에서 드러나는 작자의 계속되는 찬사의 이면에는 이진유가 겪고 있는 고통과 심리적 억압, 불안한 미래가 깔려 있다고 보아야 한다. 작품을 이루고 있는 시어의 조합을 통해서 드러나는 규범성과 편안함의 의미는 늘

이러한 텍스트 외부의 상황과 조응하고 있다. 그러므로 그 점을 시어 자체의 내적인 질서를 관통하는 구조적 기반으로 놓아야 한다. 왕의 권력을 유지하게 만드는 구조를 서게 하는 이념적 기반에 의지하려고 했다. 왕이나 신하가 모두 이 구조 위에서 제 각각 영역을 차지하고 그 역할을 수행한다. 그러므로 화자가 기대는 것은 왕의 시시각각 변하는 현재의 행태라기보다는 그러한 왕조차도 통어되는 구조 자체에 있다. 그러므로 이 작품은 전체적으로 있어야 할 것들을 강조하는 당위적인 목소리가 지배적이어야 했다. 그런데 화자는 작품의 후반부에 이르면 주관의 정서를 휘몰아치듯이 서술하고 있다. 그것은 그만큼 절박한 생존의 조건 속에 화자가 놓여 있었기 때문일 것이다.

 당위적 관념화된 연군과 그 관념에 기대서 생성되는 이론적·이상적 구조가 존재하고 있었다. 이상적인 구조로 머릿속에 선재하는 관념에 매달리는 화자의 태도는 작품 속에서 님에 대한 반복적 언급으로 드러난다. 여성 화자를 차용해서 감정적인 호소를 하는 동시에 과거의 전고를 가져와서 논리를 강화한다. 그러므로 이 작품 속에 드러나는 연군은 긴장된 국면을 조성한다. 과거 연군가사나 유배가사에서 나타나는 왕과 화자 사이의 애정이나 신뢰를 동반하거나 가상 세계를 설정하여 미적인 효과를 높이려고 하지 않는다. 오히려 작품의 후반부에 자신의 불안한 감정들을 다양하고 비교적 직접적으로 서술한다. 이러한 작품의 양상은 화자가 처한 실제 현실과 맞물려 작품 외부적인 울림을 만든다. 그러므로 이 작품을 통해서 화자의 상황과 처지가 변호되고 옹호될 수도 있었던 것이다.

실제 기록에서도 이진유의 〈속사미인곡〉은 그러한 기능을 담당했다고 여겨졌다.

　내가 옳다고 생각하는 바가 도가 이끄는 방향이라면 그것은 옳은 길이다. 유자가 걸어가는 길이 현재 임의적으로 불의하다고 판단되었을 때라도 주체는 스스로 도덕적이다. 그러므로 자신의 행위가 가진 정당성을 믿는 화자라면 그것이 용납되지 않는 세계 속에서 고통을 느낄 수밖에 없다. 이러한 부조리한 상황을 조리 있게 돌릴 수 있는 체계는 바로 임금의 힘에 의지한다. 그러므로 화자에게 님은 타자이지만 동시에 타자이기만 해서는 안 되는 존재이다. 그러므로 작품 속에서 끊임없이 상호동일성을 강조하게 된다. 전통적인 임금과 신하의 관계에 대한 믿음은 현재 작가의 현실을 개선시킬 수 있는 방책을 제시해 준다. 그러나 어느 순간은 그것은 임금과 화자 사이의 실제 관계를 은폐하는 장막의 구실을 하고 있었다. 즉, 그래야만 한다고 믿는 당위적 관계 혹은 소망하는 관계는 화자의 입장에서만 적용되는 것이고, 실제 임금은 화자에 대해서 그런 관계를 맺고 있지 않고 있다. 그럼에도 불구하고 현실의 적나라함을 피하고자 작품 속에서는 어떤 군신관계를 그려내고 있는지를 전통의 관습에 의존하고 있는 것이다. 이때 전통적인 문학적 관습인 충신연주지사는 하나의 은폐 수단이 될 수도 있을 것이다.

IV
1755년 을해역옥 연루와 운명의 기점

1. 을해역옥의 전후 사정

　1730년 이진유의 죽음 이후에 25년 동안 이진유 가문의 후계들은 정치적 사건에 깊이 연루되지는 않았다. 그 후손들은 관로에 나서지 못했고, 중앙 정계에서 중요 인물이 되어서 정치 과정에서 적극적으로 참여하지 못했다. 가문의 구성원들 대다수가 자의반, 타의반으로 환로에서 물러나 있었다. 이러한 상황 속에서 노론의 입지는 점차 견고해졌고 영조는 왕정의 주도권을 쥐고자 하였다. 1740년 이후 영조 재위 후반기에는 정치는 비교적 안정화되었다. 왕은 노련한 정치 운영을 시도했고 조정에서는 탕평파가 입지를 구축하고 있었다. 그러던 와중에 조선 사회에 큰 파장을 일으키는 역모 사건이 1755년 을해년에 발생하였다. 그리고 이진유의 후손들이었던 이광사와 이광명의 삶도 이 옥사에 큰 영향을 받았다.[49] 결국

---

49) 을해옥사의 진행 과정과 내용에 대해서는 다음 저술들을 참조하여 구성해 보았다. 조윤선, 「조선후기 영조 31년 을해옥사의 추이와 정치적 의미」, 『한국사학보』 37,

1755년이 되어서도 영조의 왕위 계승은 그 정당성을 의심하는 자들이 있었다.

영조 후반기에 일어나는 옥사는 경종 즉위 후 발생했던 임인옥사와 관련이 깊었다. 왕위 계승은 정치 의리의 문제가 되었고 당파 간의 이해와 더불어서 개인 간의 은원관계를 만들어냈다. 여기에서 왕도 예외가 될 수 없었다. 권력의 주도권을 잡게 되자, 영조는 급소들로부터 받았던 살제의 혐의에서 벗어나고자 하였다. 그리하여 먼저 임인옥사의 내용과 처리 과정을 규정한 임인옥안을 소각하고자 하였다. 왜냐하면 임인옥사(1722, 경종2)때 제기되었던 왕세제(영조) 관련 혐의가 유야무야 처리되었지만, 경종이 죽고 난 후 다시 독살설이 퍼졌고 영조에게 독살의 혐의가 돌아갔다. 그 독살의 혐의가 옥안에 드러나 있었기에 옥안의 소각이란 영조의 혐의를 완전히 원천적으로 제거한다는 의미였다. 한편 임인옥안의 소각은 노론에게도 삼수역(三手逆)[50]의 혐의를 벗고 노론의 신임의리를 확고히 한다는 의미이기도 했다. 그 점 때문에 소론은 임인옥안의 소각을 반대하였다. 하지만 영조는 16년(1740)과 17년(1741)에 경신처분과

고려사학회, 2009, 233~263쪽. ; 심재우, 「영조대 정치범 처벌을 통해 본 법과 정치 - 을해옥사를 중심으로」, 『정신문화연구』 33(4), 한국학중앙연구원, 2010. ; 배혜숙, 「을해옥사의 참여 계층에 관한 연구-나주괘서사건을 중심으로」, 『백산학보』 40, 백산학회, 1992, 187~215쪽. ; 송정란, 「영조대 남대문의 장소성-권위의 공간에서 권력의 장소로」, 『지방사와 지방문화』 21, 역사문화학회, 2018, 259~282쪽. ; 김백철, 『두 얼굴의 영조』, 태학사, 2014.

[50] 신축환국으로 실세한 노론의 자제들과 왕세제 주변의 인물들이 경종을 시해[大急手], 독살[小急手], 폐위[平地手]하려고 모의했다는 사건을 말한다. 이 일로 임인옥사가 시작되었다.

신유대훈을 잇달아 내리면서 자신이 전면에 나서서 신임환국과 관련한 문제를 매듭지었다. 그리고 자신의 혐의는 이로 인해 거의 씻겨졌다고 믿었다. 동시에 노론 측의 주장을 승인하긴 했지만 노론의 일당전제는 용인되지는 않았다. 신유대훈을 통해 영조는 득의의 정치를 펼 수 있는 발판을 마련했으며 붕당의 격화를 낳았던 정치구조를 쇄신하고 국제를 갱신하는 일에 박차를 가했다.[51] 영조는 혼란스러웠던 초기의 집권 시간을 보내고, 왕의 정치적 구상을 실현하는 시기를 맞이하고 있었다. 그러나 1755년 2월에 이러한 왕의 기대가 무너지는 사건이 일어났다.

영조 31년(1755) 2월 4일에 소론계 전라감사 조운규는 나주의 객사인 망화루의 동쪽 기둥에 흉서가 걸렸음을 조정에 알렸다. 흉서의 내용은 왕에 대한 비방이었다. 영조 당대에는 여러 차례 괘서 사건이 있었으므로 사건의 초기에는 이 사건 역시 대수롭지 않게 여기는 분위기였다. 그런데 범인과 연루자를 색출하는 과정에서 사건은 걷잡을 수 없이 확대되었다. 범인을 찾는 과정에서 먼저 영조와 노론 세력에게 불만을 가졌던 나주 인근의 소론과 남인 계열 인

---

[51] 이경구, 「1740년(영조 16) 이후 영조의 정치 운영」, 『역사와 현실』 53, 한국역사연구회, 2004, 28쪽. ; 영조 대의 정국 운영과 탕평의 논리는 다음과 같은 논문들에 나오는 일반적이고 공통적인 견해들을 있는 그대로 수용하고 정리, 요약하였다. 박광용, 「조선후기 탕평 연구」, 서울대학교 박사학위논문, 1994. ; 정만조, 「영조대 탕평파의 활동: 탕평기반의 성립에 이르기까지」, 『진단학보』 56, 진단학회, 1983. ; 정만조, 「영조대 중반의 정국과 탕평책의 재정립; 소론탕평에서 노론탕평으로의 전환」, 『역사학보』 111, 역사학회, 1986. ; 김성윤, 「영조대 중반의 정국과 임오화변」, 『역사와 경계』 43, 부산경남사학회, 2002. ; 이근호, 「영조대 탕평파의 정국운영론 연구」, 국민대학교 박사학위논문, 2002.

물들에 대한 수사가 이루어졌다. 2월 11일에 소론인 윤지[52]가 흉서를 내건 범인으로 지목되어서 한양으로 압송되었다. 그는 급소의 중신이었던 윤취상의 아들로 그 부친의 죄에 연루되어 30여 년 동안 유배지를 전전하고 있었다. 이에 영조는 2월 20일부터 친국에 나섰다. 윤지와 관련을 맺고 있으면서 같은 처지에 있었던 유배자들, 그리고 소론계 관료 및 아전들이 모두 잡아들여졌고 특히 윤지와 각별한 사이였던 나주목사 이하징[53]이 친국을 받았다. 윤지와 이하징의 국문이 시작된 이후에는 윤지와 교유하였던 중앙에서 자리를 잡은 소론계 집안들로 옥사가 확대되면서 차츰 연루자들이 늘어났다. 그리고 실제로 급진적인 소론의 내부에서 영조에 대한 반역 행위가 있었음이 밝혀졌다. 영조는 옥사를 확대하면서 가차 없는 역률을 가하기 시작했다. 이 과정에서 자백하지 않은 채 물고되는 사람이 늘어났으며 소론 전체가 역심을 품고 있다는 의심을 받게 되었다. 이에 정권에 참여하고 있었던 다수의 소론 인사들이 집단으로 자송의 상소를 올리게 되었다. 이에 소론계의 위기감은 평소의 의리 명분을 잊을 정도로 다급하였다.[54]

---

52) 윤지는 소론 강경파였던 윤취상의 아들이었다. 윤취상은 김일경과 더불어서 노론을 축출하는데 가장 적극적으로 가담했던 인물이었고 영조가 즉위한 후에 김일경의 무리로 몰려서 주살되었다. 윤지 역시 무신난에 연루되어 제주와 나주를 오가면서 30년 가까운 시간 동안 유배자의 처지에 머물러 있었다. 계속해서 그의 집안 가속은 모두 환로에 오를 수 없었고 그러한 처지에 대한 불만과 분노가 있었다.
53) 이하징은 대표적인 남인 집안의 일원이었고 그의 사위인 윤득구는 윤성시의 손자였다. 윤성시는 영조의 반역을 격렬하게 올렸던 신축년 상소의 주동자 김일경의 소하였다. 이하징은 김일경의 상소가 절개가 있었다고 하였고 윤취상은 역적이 아니었다고 말한 죄로 2월 23일에 복주되었다.

심문 과정에서 드러난 괘서 사건과 반역의 내용을 요약하면 다음과 같다. 첫째, 괘서 자체는 윤지가 작성하였고, 괘서를 객사에 내거는 데 행동으로 옮긴 인물은 그의 노(奴)와 처남이 연루되었다. 그런데 문제는 괘서사건이 단순한 정부 비방을 목적으로 한 것이 아니고, 모종의 거병 전단계의 행동이었다는 것이다. 둘째, 윤지는 일찍부터 정변을 위해 주변 인물들을 포섭하고자 시도하였는데, 그 가운데 하나가 그의 아들 윤광철을 통해서 나주 지역을 중심으로 결성한 필묵계였다. 이 조직은 표면적으로는 상부상조를 위한 모임이었지만, 실제로는 비밀결사로서 윤지는 계를 통해 동조자를 규합하고 인적, 물적 자원을 확보하여 거사를 계획하였다. 셋째, 그의 거사 계획에 참여한 인물들은 계와 학연으로 연결되었던 나주 지역의 아전을 비롯하여 윤지의 집안과 교유하던 유배인, 친분이 있던 자들이었다. 더 나아가서 나주 이외에 서울 및 충청도 지역에서도 거사 동조세력을 규합하려고 하였다. 이 사건은 당시에 노론들이 소론계를 제거하기 위한 정치적 쟁점으로 부각시킨 측면도 있지만, 아무튼 괘서사건은 단순한 일개인의 정부 비방 투서사건으로 그치지 않고 대규모 역모의 시도로 규정되었다. 그러므로 옥사를 처리하는 과정도 지방의 불만 세력 몇몇에 대한 응징이 아니라, 정치적 반역 세력을 발본색원하는 토벌로 방향이 전환되었다.[55]

  을해역옥은 결국 다수의 혐의자와 연루자를 발생했고 잔인한 응

---

54) 김백철, 『두 얼굴의 영조』, 태학사, 2014, 104쪽.
55) 심재우, 앞의 논문, 56~57쪽.

징이 이루어졌다. 나주괘서 사건에서 기인한 이 옥사는 그 처리 과정에서도 원칙에 벗어나는 법 적용이 나타났다. 첫째는 형률 적용의 무원칙과 법규를 벗어나는 형벌의 시행이었고 두 번째는 대역률의 추시와 연좌제의 시행이었다.[56] 을해역옥 과정에서 이루어진 조사는 시간을 흐를수록 상궤를 넘어서 확대되어 갔고, 일어난 사건 자체보다는 과거에 이미 처리가 되었던 사건을 다시 끌어내었고 그것에 연루된 후배와 후손들에게 재앙이 되었다. 을해 역옥사건의 당사자인 윤지, 이하징 등이 김일경, 박필몽 및 윤취상, 이사상 등 선대의 급소 인물들을 아꼈다고 하여 신임옥사, 무신난, 경술옥사의 관련자에 대한 처리로까지 거슬러 올라갔다. 그것에 기인하여 옥사는 점차 전방위적으로 확대되었다.

2. 비극의 재현과 반역의 낙인

이진유 가계의 후손들은 백부였던 이진유의 정치적 운명에 따라서 삶의 행로가 달라졌다. 후손들의 비교적 순탄했던 삶은 1725년에 처음 위기를 맞았다. 이 해에 집안의 어른이었던 백부 이진유와 숙부 이진검이 당쟁의 와중에 실각하고 남해의 절도로 유배를 떠나게 되자, 이 소론계 명문 집안은 위기를 맞았지만, 그 후손들에게까

---

56) 조윤선, 「영조대 남형·혹형 폐지 과정의 실태와 欽恤策에 대한 평가」, 『조선시대사학보』 48, 조선시대사학회, 2009, 231~232쪽.

지 직접적인 화가 미치지는 않았다.57) 그러나 대부분이 과거에 부거할 나이가 되었어도 환로에 나갈 수 없게 되었다. 1731년에 다시 이진유가 역옥에 걸려들어서 유배지인 나주의 국문장에서 물고되었다. 결과적으로 왕세제 시절의 영조와 정치적으로 대립했던 급진 소론이라는 가문의 정파성은 유배가사의 작자였던 이광사와 이광명에게도 인생을 좌우하는 영향을 미쳤다.

을해옥사가 일어나면서 이광사는 이 역옥에 걸려들었다. 나주괘서 사건의 주무대는 나주 지역이었는데, 이곳은 죽은 이진유의 유배지였었다. 그리고 이진유는 후사가 없었기 때문에 이진검의 아들인 조카 이광사가 백부를 유배지에서 봉양하기도 하였다. 그러므로 이 지역은 이진유와 이광사 모두에게 연고가 있었다. 윤지와 그 일당이 나주에서 잡혀서 한양으로 압송된 지 한 달여가 지나면서 이진유의 후손들에게도 역옥의 여파가 나타났다. 후손들 중에서 의금

---

57) 유배가사 작품을 이해할 때, 작자의 유배 관련한 문맥은 보다 사건을 정확하게 고찰해서 추정할 필요가 있다. 최근에는 기존의 연구에서 소홀했던 부분이 보완되는 연구들이 나타나고 있다. 최현주는 영조대 작성된 『연좌안』과 『영조실록』의 1725년 2월 8일자의 기록, 이충익의 기록들을 통해서 이진유 가계의 후손들이 1725년에서 1755년 사이에 백부의 유배에 연루되어서 처벌받지는 않았을 것으로 추론했다.(최현주, 「유배가사에 나타난 세계관의 양상 연구」, 영남대학교 박사학위논문, 2019, 74~75쪽.) 실제 당대에 함께 강진으로 유배를 갔던 이진검의 경우에도 본인의 정치적 행위 때문이 아니라, 이진유를 옹호하는 주장을 하다가 유배형을 당한 것으로 보아서(영조 1년, 1월 5일(갑진)), 최현주의 추론은 타당하다. 그렇지만 이 가계의 후손들이 전혀 영향을 받지 않았다고 보기는 어려울 듯하다. 왜냐하면 후손들이 이진유, 이진검의 유배 이후에는 그 아들과 손자 세대까지도 과거를 통해 관계에 진출할 수 없었고 그것은 급제자 『방목』에 대한 검토로도 확인된다. 이 집안 후손들의 완전한 사회적 복권은 실질적으로 2대가 지나고 나서 증손자 대가 되어서야 이루어진다.

부의 추국장에 끌려간 이는 이진검의 아들이었던 이광사와 이광정이었다.

1755년 3월 6일(기묘)에 이광사는 윤지와 교통한 자취가 있다는 혐의로 친국을 당했다.[58] 처음 친국에서 이광사는 윤지와 자신의 교유관계가 극히 미미한 수준임을 호소했다. 백부 이진유가 대정에서 유배를 당하고 있을 때, 윤지 역시 그곳에서 유배살이를 하고 있었다. 그 인연으로 이진유와 윤지 사이에는 안부 편지가 오고 갔는데, 1730년 경술년 옥사에 연루된 이진유가 형장에서 물고된 이후에는 윤지가 위로 편지를 보낸 일이 있었다. 이후에는 부득이한 경우에만 답장으로 서신을 보낸 정도였고 그것은 일상적인 일이었다. 그러므로 심문 과정에서 이광사는 역적 윤지가 벌인 흉악한 짓을 전혀 알 수 없었다고 하였다. 이러한 양자의 소원한 관계는 나주 사람인 임국훈의 심문 과정에서도 드러나고 있다.[59] 윤지가 나주로 유배지를 옮기고 난 후에는 이광사는 나주로 내려가지 않았고 편지 왕래도 잘 이루어지지 않았다. 윤지의 편지에 이광사가 답장을 하

---

58) 『推案及鞫案』 21권, 영조 31년, 3월 6일(기묘). 이 논문에서 인용되는 『추안급국안』의 내용은 학술진흥재단에서 추진한 2004년 기초학문육성지원사업의 「『추안급국안』 번역 및 역주」의 2008년 연구결과보고서에서 가져 온 것이다.

59) 『推案及鞫案』 21권, 영조 31년, 3월 7일(경진). 임국훈의 진술 ; 이번에 금구(金溝)로 오는 도중에 제가 억울하다고 말했더니 이효식(李孝植)이 말하기를, "나는 괘서가 내걸릴 기미를 알았다." 했습니다. 이광사의 아버지가 병영에서 귀양살이 할 때 저의 아버지와 일찍이 서로 알고 지냈고 이광사가 아산에서 후취를 들이려고 왕래했을 때 저의 집에 왔으므로 서로 보았습니다. 윤지가 나주로 유배지를 옮긴 후 이광사는 일찍이 나주로 내려가지 않았고, 윤지는 이광사가 편지를 보내지 않는 점을 가지고 늘 형평 없다 했습니다.

지 않은 것이다. 결과적으로 둘 사이는 의례적인 관계일 뿐이지 친
밀하지 않았다. 역모를 모의할 정도로 연대감이나 동지 의식이 없
었을 것으로 추정된다. 하지만 이런 상식적인 추론이 추국장에서는
받아들여지지 않았다.

  3월 8일(신사)에 이광사는 형신을 당했는데, 의금부에 구금되어
있었던 윤상백, 이만강 등도 역시 형신을 당했다. 이 자리에서 이광
사는 윤지와 지금껏 주고받았던 편지의 내용에 대해서 그 연유를
말하고 그와 관계가 없음을 호소하였다.[60] 이 날 이광사는 신장을
30대 맞는 고신을 당하였는데, 윤지의 아들인 윤광철은 결국 자신
의 죄상을 인정하고 청파에서 능지처참형에 처해졌다. 심문장에서
는 혹독한 고문과 그것을 못이긴 자백이 계속되고 있었다. 그 자백
에는 거짓과 참이 뒤섞여 있었고, 폭력과 공포가 함께 있었다. 그리
고 나주와 한양 땅에서 이광사 자신이 알고 지냈던 인사들이 차례
로 비참한 죽음을 맞이하였다.

  의금부에 하옥된 채 처분을 기다리는 상태가 계속되었다. 3월 25
일(무술)이 되자 이수범이 윤지의 아들인 윤광철의 경중 친구로 다
시 이광사를 지목하였고, 그는 두 사람이 서로 뜻이 맞는 절친한
사이라고 증언하고 난 이후에 형장에서 물고되었다. 자백하는 사람
에 따라서 이광사와 윤지 일당과의 관련 여부는 바뀌고 있었다. 결
과적으로 이광사는 3월 30일(계묘)에 본율대로 流 3천 리에 처해졌
다.[61] 역모에 연루되어 의금부로 잡혀들어 온 이래로 한 달 동안 계

---

60) 『推案及鞫案』 21권, 영조 31년, 3월 8일(신사).

속해서 친국과 형신이 이루어졌다. 그리고 심문 과정에서 특별한 증거가 없어도 고문을 못 이겨서 스스로 죄를 인정하고 자백하는 사람들이 다수 나타났다. 이광사 역시 실제적인 증거 없이 고신을 받은 발고자들의 자백에 의해서 혐의가 입증되는 절차를 따라가고 있었다.

그러나 형이 결정되고 난 후에도 그의 처리를 둘러싸고 대립이 이어졌다. 정언 송문재가 이광사의 혐의를 지적하며 다시 국문하여 더 엄한 처벌이 이루어져야 함을 주장하였다.[62] 이때 송문재가 주장하는 이광사의 혐의는 첫째, 이광사가 역적 이진유의 조카라는 점, 둘째 여러 차례 역적의 공초에서 그가 언급되었다는 사실, 셋째 윤광철과의 사적 교유가 있었다는 점들을 차례로 거론하였다. 그러나 그의 주장을 보았을 때, 이광사가 윤씨 집안의 반역 모의 과정에서 직접적이고 가시적으로 관여했다고 볼 수는 없었다. 송문재의 상소가 있고 난 다음날에 지평 홍양한이 단지 윤광철의 일기에 이광사가 나와 있다는 것만으로 연좌할 수는 없다고 이야기했다.[63] 이광사가 윤지 및 윤광철 부자와 안면이 있었지만, 역모에 동참했다는 증거는 없었던 것으로 보인다.

이광사가 의금부에서 추국을 당하는 동안에 이광명은 스스로 향옥에 나가서 죄를 청했다. 종형제는 서로 다른 개인적 배경을 가지

---

61) 『영조실록』 83권, 영조 31년, 3월 6일. / 『영조실록』 83권, 영조 31년, 3월 8일. / 『영조실록』 83권, 영조 31년, 3월 25일. / 『영조실록』 83권, 영조 31년, 3월 30일.
62) 『영조실록』 84권, 영조 31년, 4월 1일.
63) 『영조실록』 84권, 영조 31년, 4월 2일.

고 있었다. 이광명은 유배를 당하기 전에 환로를 포기하고 이미 오랜 시간 동안 독선의 삶을 살았던 선비였다. 이광명은 이진검의 아들이었던 이광사와는 달리 친부 이진위가 젊은 나이에 관직에 오르지도 못하고 죽었기 때문에 당파적인 활동과는 거리가 있었다. 1710년 친부인 이진위가 젊은 나이로 세상을 뜨자, 그 해에 10세였던 어린 이광명은 어머니 송 씨와 함께 서울을 떠나서 강화도로 이거하였다.[64] 어머니는 유년 시절부터 이광명의 교육에 큰 영향을 미쳤고 강화도로의 이거 역시 어머니의 의지가 작용했을 것이다. 신작은 이광명의 아들인 이충익의 묘표에서 "이광명의 집이 강화도 초피봉 아래에 있었다."고 했는데,[65] 이광명 대 이후부터 이 가계는 대를 이어서 강화도에 터를 잡았다. 이광명은 강화도 하일리에 먼저 이주해 있었던 양명학자 정제두의 문하로 들어가서 학문 탐구에 열중했다.[66] 그래서 이광명은 강화도의 진강산 아래에서 학문에 정진했으며 경화의 삶을 즐겨하지 않았다고 하였으니 한양의 인물들과도 거의 무관한 삶을 영위하였을 것이다.[67] 도를 닦으며 처신을 겸손하게 하고 세상의 시비를 벽안시해서 경화의 삶에 거리를 두었고 정치적인 모략과 경쟁에도 전혀 관심을 두지 않았다.[68] 이러한

---

64) 이우진, 이남옥, 「강화학파 형성담론의 재구성-계보학적 접근 방식을 중심으로」, 『양명학』 33, 한국양명학회, 2012, 232~233쪽 참조.
65) 申綽, 「椒園公墓表」, 『石泉遺稿』 권3. 今沁州椒皮峰下, 有(海嶽)丈人舊宅.
66) 이남옥, 「전주이씨 덕천군파 이경직 가문의 내력과 지역적 전개」, 『양명학』 57, 한국양명학회, 2020, 153쪽.
67) 이충익, 「先考妣合葬誌」, 『椒園遺藁』 册二, 文先考往來多從文康公, 學于江華之鎭江山下, 先考於門戶盛時, 已不樂京居, 卜宅於摩尼山東. 去鎭江十餘里.

삶의 자세에도 불구하고 이광명은 노년에 와서 유배형을 당하게 된 것이다. 대략 30여 년 간의 오랜 은거 생활이라는 일상이 무너진 것이다. 결과적으로 이광명과 그의 형제 및 사촌 형제들은 모두 이 을해옥사에 연루되어서 유배형을 받게 되었고 귀향하지 못한 채 모두 유배지에서 죽었다.[69]

을해역옥은 이광사와 이광명이라는 각 개인만이 아니라 가문 전체가 겪은 최대의 비극이었다. 더욱이 이미 지나갔다고 여겼을 과거의 불행이 다시 시작되고 있었다. 영조의 조정에서 관료 생활을 한 경험이 없었던 이광사나 이광명은 왕과 한 번도 사적·공적인 관

---

68) 적소인 갑산에서 남긴 이광명의 한시를 보면, 그는 한양에서의 삶이나 경화의 사람들을 혐오하다시피 하고 있었음을 보여주고 있다. 특히 사람들 사이의 관계나 교유 방식에서 두려움을 느낄 정도였음을 알 수 있다. 李匡明, 〈世難〉, 『贈參議公謫所詩歌』.

도 닦으며 낮게 처신하면 허물 적으니	爲道守雌寡過尤
사람이 범처럼 두려워 교유를 끊었네	畏人如虎息交遊
속세의 시비를 아이 장난으로 보고	塵間黑白看兒戲
벼슬자리 마음 버려 험난함 피하였지	身外朱緋避險流
세상만사 관여 않고 다투지도 않으며	萬事不干仍不競
일생 동안 세상사 잊고 근심도 잊었건만	一生忘世亦忘憂
누가 알았으랴 궁액 속에서 도리어 곤액 만나	誰知窮厄反罹厄
나이 육십에 모친 곁 떠나 두 해 보낼 줄	六十離闈二載秋

이승용, 「〈증참의공적소시가〉를 통해 이광명 한시의 일고찰」, 『한문학논집』 50, 근역한문학회, 2018, 19쪽에서 재인용.

69) 이광명과 그 종형제들은 모두 북쪽 끝의 북변과 남쪽 끝의 절도로 유배형을 당했고 살아서는 유배에서 벗어나지 못했다. 이광정(匡鼎, 1701~1773)은 吉州, 이광언(匡彦, 1700~1755)은 端川, 이광찬(匡賛, 1702~1766)은 明川, 이광현(匡顯, 1707~1776)은 機張, 이광사(匡師, 1705~1777)은 富寧으로 유배를 떠났다. 『승정원일기』 1117책 (탈초본 62책) 영조 31년 3월 11일(갑신);『승정원일기』 1117책 (탈초본 62책), 영조 31년 3월 17일(경인).

계를 맺지 않았다. 결국 이 둘 사이의 관계를 결정지은 요소는 가문이었고 소론 급진파였던 이진유의 조카라는 점이었다. 옥사를 통해 피의 권력자의 모습을 드러냈던 영조에게 이 후손들은 조용히 자숙하는 선비가 아니라 잠재적 반역 세력의 일원이었다. 이러한 정치적·사회적 낙인을 이 가문의 일원들은 함께 견뎌내고 감수했다.

하늘은 무슨 생각으로	天公以底意
준걸들을 한 집안에 모아놓고선	俊彦一家衷
운명엔 어찌 그리도 인색하여	命道獨何嗇
곤궁함과 이별의 근심 안겼나	貧困仍離
죽은 이는 차마 꼽지 못하고	化者不忍擧
남은 이들만 차례로 세어보네	餘人第歷籌
여섯째 형님은 氣骨이 훤칠한데다	六兄好氣骨
局量도 보통사람을 능가하지	器局超凡流
義를 마주하면 지식 알 수 있고	當義見知識
임기응변에도 능하다오	臨機運謇猷
시골 살이 삼십 년에	鄕居三十年
서울로는 발길 끊었네	城府足不投
대청에 올라선 진미로 모친 봉양	上堂蔵滫瀡
밭에서는 씨 뿌리고 곰방메질	出壟撿耬穮[70]

위의 시는 이광사가 유배지 부령에서 1756년 5월 10일에 유배형

---

70) 이승용, 같은 논문 12쪽에서 재인용.

을 당하고 있던 종형제들을 그리워하며 창작한 古詩로, 인용한 시는 그 전반부이다. 이광명을 언급한 부분이 두 번째이다. 첫 번째 시에서는 하늘이 이 집안에 이리도 훌륭한 인재를 다수 태어나게 하고서 이렇게도 험악한 운명을 맞게 했을까 하고 한탄하였다. 원래 이 집안은 이경직의 후손들로 당대의 명문이었다. 운명이 기박해서 곤궁한 지경에 빠지고 형제들끼리 이별하게 된 것이다. 이진유가 반역자로 추율하게 되자, 4촌 이내의 모든 형제들이 다 유배형을 당하였고 죽은 이들조차 있었다. 두 번째는 이광명의 실제 모습을 상상할 수 있게 해주는 작품이다. 이광명은 훤칠한 체구에 지식도 폭넓고 국량도 비범했을 뿐만 아니라 심지어 임기응변에도 능하다고 하였다. 시골살이가 삼십 년이 되었고 서울에는 발길을 끊었다고 했다. 더욱이 이광명의 소탈한 모습을 짐작케 할 수 있는데, 밭에서 씨 뿌려 농사짓고 그 쌀로 어머니를 봉양했다는 장면이다. 을해역옥은 소박한 삶을 파괴하고 서로 다정했던 사촌형제들의 죽음을 가져왔다. 이광사가 유배를 떠나 온 다음해 1756년에 쓴 시에서도 유배지에서 고립된 삶을 잘 그려내고 있다.[71]

---

71) 李匡師,「謫居雜詠」,『斗南集』卷2.
    응제(鷹祭)의 계절 산 숲이 그윽한데   鷹祭山林邃
    가을 매미는 날이 새기도 전에 우네.   涼蟬未曉鳴
    거울 속 나의 모습은 늙고 추한데   鏡中吾老醜
    꿈속 분명한 딸의 얼굴.   夢裡女分明
    별은 서쪽 다락에 큼직하게 걸렸고   星掛西樓大
    가을이 되자 북녘의 물이 맑아라.   秋歸北渚淸
    풍인(風人)이 만약 이곳에 있다면   風人如在此
    시가 어찌 마음을 상하게 한다 않으리   詩得不傷情

이광명이 유배지 갑산에서 쓴 시에도 다정했던 종형제들을 그리워하는 작품들이 있다.

①
어릴 때 한 이불 덮고 지냈건만	幼少長衾樂
당시에는 그 즐거움 몰랐네	當時不自知
경주와 뇌주는 멀기만 하니	瓊雷相望遠
늘그막에 모두 가슴이 찢어지네	遲暮共堪悲[72]

②
북쪽으로 온 뒤에는 친척들 소식 몰랐건만	北來親戚阻聲聞
여섯 해 만에 비로소 너를 만났구나	六載于玆始見君
집안 소식 묻고자 하니 되레 겁이 나고	欲問家紙情更怯
세상일 말하기 전에 먼저 기운이 치미네	未言世事氣先焚
아비 만나는 길에 이곳에 들렀으니 둘러온 줄 알겠고	趨庭過此知迂路

경전과 예문(禮文)으로 가학을 이었더니	經禮傳家學
변방의 산하로 유배 온 신세가 되었구나.	關河去國身
도성에서 멀어서 백성들은 법이 간소하고	遠都民易法
저자 없어서 풍속이 순후하구나.	無市俗如淳
비가 내려 사흘 동안 퍼붓더니	山雨淫三日
고향의 편지는 석 달이나 막혔도다.	鄕書阻九旬
돌아갈 생각은 부질없는데	思歸亦徒爾
방으로 들어간들 누구를 바라볼까	入室見何人

72) 李匡明, 『贈參議公讜所詩歌』, 憶諸從. 이승용, 「『증참의공적소시가』를 통해 본 이광명 한시의 일고찰」, 『한문학논집』 50, 근역한문학회, 2018, 21~22쪽에서 번역을 재인용.

아우 그리워하고 현실을 아파하며 산 고개 구름 바라보네
憶弟傷今遡嶺雲
하늘이 만들어준 잠시 만남 꿈만 같건만   天出乍逢猶是夢
노년에 생이별은 또 헤어지기가 어려워라   暮年闊別又難分[73]

③
우리 땅에서 가장 외진 곳   吾東孤絶地
북쪽 끝자락은 백두산   極北白頭山
성의 형세는 천 겹 만 겹   城色千重裡
사냥 일삼는 오랑캐와 접해있네   獵胡一帶間
변방 기러기에 잠든 객은 놀라고   塞鴻驚客枕
새벽 호각에 고향 관문 그립네   曉角憶鄕關
길은 멀어 오히려 눈앞이 아득한데   路遠猶迷眼
몇 차례나 살아 돌아가는 꿈 꿨나   夢竟幾生還[74]

①에서는 유년 시절부터 함께 자라 온 형제들이 모두 늘그막에 험지로 유배를 가서 만나지 못하고 그리워만 한다고 했다. 그리고 이 유배가 언제 끝날지 알 수 없고 다시는 만나지 못하고 영영 헤어질 수도 있으니 비참한 심경이 되었다. ②에서는 오랜 만에 유배지에서 조카를 만나는 모습을 그리고 있다. 종형제들이 부령, 갑산, 길주, 명천 등의 북변에 흩어져 있었으니 험한 땅에 그 자식들이 찾아오기도 힘들었다. 6년 만에 만난 조카이지만 반가움에 앞서서

---

73) 李匡明, 『贈參議公謫所詩歌』, 良姪來過志懷. 위의 논문에서 재인용.
74) 李匡明, 『贈參議公謫所詩歌』, 夷山誌韻. 위의 논문에서 재인용.

집안일을 묻기도 겁이 난다고 했다. 가문의 많은 사람들이 이곳저곳으로 흩어졌으니, 그 후과가 가문과 가족에게 어떻게 미쳤을지 짐작하기도 어려웠을 것이다. 조카에게는 아비가 되고 나에게는 아우가 되지만, 서로 살갑게 정을 나누기도 어려웠다. 그럼에도 불구하고 아비를 만나러 가는 고단한 길에 백부에게 들어서 안부를 묻는 조카를 대견하게 여기는 작가의 마음이 절절하게 드러났다. 그러므로 이 만남은 하늘이 만들어 준 꿈결 같은 순간이 되었다. ③에서는 궁벽한 유배지에서 해배를 꿈꾸는 모습을 그리고 있다. 이산은 갑산의 이칭이다. 갑산은 우리나라에서 가장 외진 곳이며, 겹겹 둘러싼 성을 두고 오랑캐와 마주하고 있는 곳이다. 변방의 기러기 소리가 유배객을 놀라게 하는 외로운 땅에서 고향의 관문을 그리는 화자의 모습을 고즈넉하게 표현하고 있다. 가족은 해체되고, 해배는 기약할 수 없는 삶이 계속 이어지고 있었다.

  이광사와 이광명의 유배는 결국 백부 이진유와 친부 이진검의 정치적 행위가 대를 이어서 반역의 논리로 징치되는 과정에서 나타난 것이다. 영조 즉위 이후에는 영조의 왕세제 시절의 행위를 반역으로 규탄했던 급진적인 소론 계열에 대한 회유와 배제, 그리고 축출 작업이 이어졌다. 을해옥사가 일어나기 전에도 영조는 전국을 뒤덮었던 반역인 무신난을 겪었고, 왕실 내부의 하급 관속들과 소론, 남인의 일부가 연합했던 경술옥사 등을 겪었다. 한양에서건 지방에서건 빈번한 괘서 소동도 있었다. 이러한 계속되는 정치적 시련을 겪으면서 영조는 정치 운영의 원칙으로서 탕평책을 실시하려고 하였고 어느 정도 성과가 축적되고 있었다. 그러나 영조가 재위에 오른

지 30년이 다 되고 탕평책이 궤도에 올랐다고 판단한 그 순간에 다시 경외의 소론 인물 다수가 관여한 반역이 발생한 것이었다. 이에 영조의 분노는 이성을 잃을 정도였다. 그러므로 이광사가 이 역옥 속에서 목숨을 연명한 것을 말 그대로 새롭게 다시 살아가게 해 준 왕의 재생지덕(再生之德)이었다고[75] 한 것이다.

을해옥사와 연루되었던 사람들에 대한 형벌이 확정된 이후, 국왕은 나주괘서 사건의 종결을 기념하여 춘당대에 나아가 토역정시를 실시하였다. 그런데 이후에도 예상하지 못한 돌발 사건이 일어났고 옥사는 또다시 걷잡을 수 없이 확대되었다. 그것은 5월 2일 임금이 친히 나가서 과거를 보는 과장에서 심정연이 시권에 직접적으로 난언을 적어낸 사건이었다.[76] 이 심정연 시권 사건에 의해서 소론계 다수의 사람들이 역적으로 처단당했고, 5월 25일에는 『우서』의 저자인 유수원도 희생당했다. 그런데 가문이 연루되었던 재야 소론들의 일부는 형장에 끌려나와 굳이 죄를 부인하지 않았다. 6월에 이르자 역모는 종친에게까지 확대되었고 과거의 모역까지 다시 조사되었다. 이 모든 과정이 다 지나서 탕평 대신을 추모하고 영조의 존호를 가상하는 사후 작업이 이듬 해 2월까지 계속되었다.[77] 그러

---

75) 이광사, 「到富寧謫所後 寄在京子姪二條」, 書, 『두남집』 권1 第二條.
    吾之不死 全蒙聖上再生之德 今歲乙亥 卽聖上再生之年. 三月晦日, 卽聖上再生之日. 佛家以度剃年 謂僧臘一歲. 吾以五十一歲爲恩齡一歲 以三月晦日 改作生日. 吾於孤露後 每逢生日 家人進一別食 卽徒增愴懷 却而不食 次後若逢三月晦日 欲沽酒市魚 以娛之 聊以仰答聖恩. 五月八日
76) 『영조실록』 84권, 영조 31년 5월 2일.
77) 김백철, 같은 책.

므로 북변에 유배를 가 있었던 이광사나 이광명의 신변이 유배자로서 완전히 안정된 것은 아니었다. 어느 때라도 역모의 추율 방향이 다르게 변화될 수 있었고 잔혹한 처벌을 받을 수 있었다. 을해년 당해를 기준으로 했을 때 그 처벌의 규모를 보면, 약 7백여 건의 판결 중 절반 이상이 연좌에 해당했다.[78]

1755년 2월 초에 시작하여 5월 말에 마무리되어 간 을해역옥은 조선의 정계에 새로운 국면을 가져왔다. 영조의 정치 운영은 을해 처분을 기점으로 새로운 단계에 돌입하였다. 1755년 2월 나주역 괘서 사건에서 시작하여 그 해 9월까지 소론 일부와 관련된 역옥이 잇달아 발생하면서 소론은 정치 의리에 대한 자신들의 근거를 거의 상실하였다. 소론 대다수는 이제까지의 주장을 파기하며 자송(自訟)하였다. 충역의리를 두고 오랫동안 대립한 노론의 주장이 최종적으로 승리하는 순간이었다. 하지만 영조는 신유대훈 이후와 마찬가지로, 이번에도 노론의 일당전제를 실현하지 않았다.[79] 소론의 자송을 받은 영조는 이번에는 노론 조신 70여 명에게도 당론을 하지 않겠다는 상소를 마치 '과거 답안지가 쌓이듯이' 받아내었다.[80]

---

78) 김백철, 같은 책. 을해 역옥으로 인해서 죽은 자들은 연구자에 따라서 그 숫자가 차이가 난다. 이상배는 이 사건으로 인해 죽은 자가 77명, 유배 32명 등 110명이 형을 당했다고 집계하고 있다.(이상배, 『조선후기 정치와 괘서』, 국학자료원, 1999, 176쪽) 조윤선은『추안급국안』의 기록을 분석하여 나주괘서 사건, 그리고 심정연 시권 사건과 관련하여 모두 150여명이 추국에서 심문을 받고 처형되거나 유배, 물고되었다고 분석하였다.(조윤식, 「조선후기 영조 31년 을해옥사의 추이와 정치적 의미」, 『한국사학보』 37, 고려사학회, 2009, 226쪽)
79) 이경구, 「1740년(영조 16) 이후 영조의 정치 운영」, 『역사와 현실』 53, 한국역사연구회, 29~30쪽.

을해옥사를 거치면서 이진유 가계에도 변화가 일어났다. 그것은 이진유에 대한 최종적인 단죄였다. 이진유는 정치적 죄인의 위치에서 반역자로 역사적, 정치적 규정이 이루어지게 된 것이다. 그 이전까지 이진유는 비록 왕과 왕조에 불경한 죄인일지라도 그가 경종을 대한 입장은 정당하게 여겨졌다. 역옥이 처리되는 과정에서 노·소론 의리에 대한 정치적 결정이 수정되고 보완되는 일련의 흐름 속에서 이진유는 정당한 소론의 권신에서 죄를 인정한 유죄인이 되었다가 결론적으로는 왕조의 반역자로 결론이 났다. 결국 이진유가 추자도로 유배를 가게 되었을 때는 이진유는 경종의 충신이었지만, 영조의 충신은 아닌 채 유죄가 인정되는 정도였다. 그러나 을해역옥으로 영조의 반역자가 되었고, 그것은 후손들에게 심각한 영향을 미친 반역자의 후손이라는 낙인이 되었을 것이다.

을해옥사에서 이광사에 경우에 윤지의 아들인 윤광철과의 연루 의혹이 있다고 하더라도 실제로는 한 개인이 왕조의 국가 폭력에 당하는 과정이었다. 이광사와 이광명이 왕과 맺는 관계는 기존의 유배가사의 작가들인 사대부와는 다른 특징을 지니고 있다. 무엇보다도 이들은 관료로서 왕과 사적·공적인 관계를 맺지 않았다는 것이다. 두 번째는 왕과 이들의 관계는 이미 경로 의존성을 띠고 있었는데, 이 종형제가 소론 급진파인 이진유의 조카라는 점이었다. 즉 영조의 입장에서 이광사나 이광명은 잠재적 반역세력의 일부였고, 이 둘의 입장에서 영조는 두려움 혹은 공포의 대상이었다. 이 두

---

80) 『영조실록』 권85, 영조 31년 9월 21일 임진.

작자의 내면에는 정치적 박해에 대한 불안과 공포가 자리를 잡고 있었다. 그리고 을해옥사가 진행되고 있을 즈음에는 상황을 이성적으로 판단하기 이전에 감각적으로 거부감이 있었을 것이다. 왜냐하면 이미 백부 이진유의 정치적 입장은 1731년 기유처분이 내려지고 대훈이 공고되었을 때 사대부 세계에서 거부되어 있었다. 이 씨 가문에서는 친족의 일이기에 대외적으로 표명하지 않았을 뿐이었을 것이다. 자신의 정치적 행위와 판단에 대한 책임이 아니라, 先代의 행위가 일으킨 정치적 후과에 대한 입장 정리가 필요했다. 그렇기 때문에 작품 속에서 스스로의 행위에 대한 반성이나 성찰이 나타나려고 한다면, 일단 먼저 백부 이진유에 대한 입장의 정리가 필요했다. 그러나 후손들의 입장에서 백부의 정치 의리를 직접적으로 비판하기는 무리가 있었다. 그러므로 이광명의 작품 속에 운명의 재앙을 거론한 것은 납득할 만하다.

 결국 이진유 가계의 후손들이 유배를 당하게 된 데에는 이광사나 이광명 개인의 의지나 행위는 거의 관여하지 못했다. 이진검의 아들이었던 이광정이나 이광사가 친국을 받았지만, 을해년의 반역 모의에 가담한 것은 아니었다. 이미 30여 년 전인 1725년에 경술옥사로 인해 재편된 정치 구조가 강화되는 과정이었고 왕조의 주도세력이었던 왕과 노론은 그 방향을 결코 바꾸지 않았다. 그러므로 이광사나 이광명은 유년기부터 이미 결정되어 있었던 정치 구조에서 희생자의 신세가 될 수밖에 없었다. 그들은 노년의 유배자가 되었을 때에도 북변의 원악지에서 그러한 상황과 운명을 받아들였다. 그래서 그들에게 더 중요한 것은 운명을 어떤 윤리적 기준을 가지고 받아들이느냐 하는 점이었을 것이다. 이러한 점들이 그들의 유배가사에서 안타까운 심사를 밝히는 과정에서 드러나게 됐을 것이다.

이진유와 그 후손들의 유배와 관련된 주요한 사건들을 제시하면 다음과 같다.

1722년	경종 1년 12월 6일(임술) 경종에게 연잉군의 대리청정을 요구했던 노론 일파를 난신적자로 규탄하는 상소가 올랐다. 소론 급진파였던 김일경, 박필몽, 이명의, 이진유, 윤성시, 정해, 서종하 7인의 연명 상소
1724년	영조 즉위, 노소 갈등과 소론 급진파 실각.
1725년	이진유 정월 나주 유배 결정, 7월에 추자도로 이배되어 위리안치, 6월에 아우인 이진검이 강진 유배. 이진검의 유배는 연좌율에 의한 유배가 아니라 이진유를 변호하기 위해 올린 상소가 동인이 되었다.
1727년	이진유 〈속사미인곡〉 창작
1727년	7월 정미환국, 탕평파 소론 청류가 주류 세력으로 부상, 소론 재등용
1727년	10월 이진유 육지(나주)로 다시 이배. 이진검 유배에서 돌아와 죽음. 이진검의 아들인 조카 이광사가 배행
1728년	남인과 준소(峻少) 계열이 일으킨 무신란으로 인해 이진유는 1729년에 다시 절도에 이배.
1730년	경술년 모반사건 발발. 경술옥사/ 1731년 경술옥사의 여파로 이진유 물고
1755년	영조 31년 2월 4일 나주역사에서 괘서 사건 발생

1755년	3월 6일에 이광사가 괘서 사건의 주동자였던 윤지, 윤광철 부자와 교통한 혐의로 의금부로 끌려옴. 친국 당함. 을해역옥
1755년	3월 12일 이광사 부인 윤 씨가 남편의 일을 잘못 알고서 자살
1755년	3월 25일, 30일에 이광사 流 3천리 형이 확정, 부령 유배 / 이광명 지방 관아에서 치죄 후 연좌로 갑산 유배
1756년	이광명 〈북찬가〉 창작
1758년	무인년, 입춘 무렵 유배지 부령에서 이광사 〈무인입춘축성가〉 창작
1762년	이광사 남해의 신지도로 이배. 부령 땅에서 인근 사람들에게 글과 글씨를 가르쳤다는 이유로 탄핵.
1762~1777년	사이에 이긍익 〈죽창곡〉 창작, 이긍익이 이광사 배행
1777년	이광사 유배지 신지도에서 죽음
1778년	이광명 유배지 갑산에서 죽음

Ⅴ
이진유 후계의 두 갈래 유배가사 창작

1. 이광사의 〈무인입춘축성가〉에 나타난 송축

이광사가 〈무인입춘축성가〉를 창작하던 때는 1758년의 입춘 무렵이었다. 이때 이광사는 함경도 부령에서 유배자의 처지였고,[81] 유배된 지 삼 년이 흘러서 자신의 현실을 받아들이고 있었다. 무인년에 이광사가 겪고 있는 현재는 바로 1755년 을해옥사의 결과였다.

1) 작품의 구조적 짜임 분석

〈무인입춘축성가〉는 무인년 입춘에 임금의 덕을 칭송하고 태평성대를 기원하는 내용으로 구성되어 있다. 전체는 142구로 이루어져 있는데, 작품 속에서 화자는 스스로를 죄루신으로 자처하고 있다. 서사에서 새롭게 무인년의 입춘이 돌아왔음을 지적하면서 시작

---

81) 이광사는 갑산 유배 이후에는 부평, 진도 등지로 이배되었다. 이광사의 마지막 유배지는 신지도였다.

하며, 본사에서는 크게 기원과 연모의 내용을 중심축으로 해서 전체 시상이 전개되고 있다. 본사에서는 무인년 입춘을 맞아 임금의 은혜를 갚고자 춘첩자를 올리면서 임금의 덕을 송축하는 내용을 집중적으로 서술하고 있다. 그런데 부령에서 지내고 있는 화자의 유배 생활은 거의 드러나지 않았다. 결사에서는 화자가 꿈에서 깨어나 다시 임금을 그리워하는 것으로 끝맺고 있다.

의미적인 전환이 이루어지는 단락을 정리해 보면, 다음과 같이 6개로 분할된다.

단락	행	주요 제재	비고
서사	턴디와 삼기시고 ~ 무인닙춘 드오리라	입춘	
본사 1	현익이라 토요셩이 ~ 송축이나 ᄒᆞ오리라	생의와 성덕	
본사 2	텬황시 만팔쳔셰 ~ 안락태평 ᄒᆞ오쇼셔	향국무강과 안락태평 기원	춘첩자
본사 3	바다희 믈결지고 ~ 감히 유양 ᄒᆞ리ᄯᆞ녀	조야의 성세와 강구연월 찬양	춘첩자
본사 4	견마 우쥰흠도 ~ 여한이 이실게고	연군	
결사	오경의 목마소릐 ~ 일야송축 ᄒᆞ오리라	연모와 송축	

전체 구조를 받치는 핵심적인 틀은 본사 안에 춘첩자의 양식으로 기원의 내용을 제시하고[82] 기원의 전후에 연군의 내용을 배치하고

---

[82] 주혜린, 「조선후기 유배가사의 서술방식과 내면의식」, 고려대학교 석사학위논문, 2014, 50쪽. 화자의 유배 현실과 별다른 관련이 없는 상황을 설정하는 방식으로서 액자식 구성 방법을 선택해서 〈무인입춘축성가〉의 경우에는 액자 안에서는 춘첩자에 해당하는 서술이 이루어지도록 하였다는 점을 지적하였다.

있는 점이다. 연군의 정서가 춘첩자의 송축 내용을 내부로 포함하고 있는 구조이다. 본사 2와 본사 3은 춘첩자에 해당하는 부분이다. 본사 2에서는 끝없이 이어질 왕정의 지속성을 강조하며 향국무강(享國無疆)을 기원하고 우리 님과 더불어 이루어지는 태평성대(太平聖代)를 기원한다. 본사 3에서는 현재 조야에서 누리는 태평성세가 계속되기를 기원한다. 미래의 왕정에 대한 확신과 현재의 성세에 대한 송축이 이어지면서 화자가 전달하려는 메시지는 계속해서 반복되고 강조된다. 이러한 본사 2와 본사 3을 아우르고 있는 외부는 임금의 군은에 대한 감사와 연군에 대한 것이다.

이러한 본사를 위해서 서사와 결사는 동심원의 바깥 쪽 원에 해당하는 역할을 수행한다. 본사에서 주요한 축을 이루는 송축과 연군의 내용을 위해서 서사에서는 작품을 창작하게 된 동기를 전제한다. 그것은 화자가 님으로부터 얻은 은혜 덕분이었고 서사는 이점을 제시함으로써 본사에서 전개되는 내용을 위한 전제가 된다. 서두부터 화자는 유배지에서의 고통스러운 삶의 단면들을 나열하면서도 그것이 마치 고통스럽지 않다는 듯한 태도를 취한다. 서사에서 화자는 유배 온 지 3년이 지나고 입춘이 되자 이 새봄의 기쁨을 말하기 시작한다.[83] 화자는 임금이 자신을 다시 살려 주신 은혜 덕

---

83) 텬디(天地)라 삼기시고 부모(父母)라 나흐시나 /주근것 사로심은 님밧긔 뉘흐실고 /후목(朽木)의 곳히퓌고 고골(枯骨)의 술이난디 /삼년(三年)이 다나옵고 〻년(四年)에 미쳐셰라/ 구밀쥭(㻩) 소곰반찬(盤饌) 추환(芻豢)도군 즐업습졔 / 빅번(百番)미즌 헌뵈오시 금슈(錦繡)도군 더돗습졔/ 변토(邊土)ᄒ나 참녈(慘裂)흔들 극낙세계(極樂世界)만 홀가 / 샹우방풍(上雨旁風) 토옥듕(土屋中)이 광하욱실(廣廈燠室) 붉〻올네 /분골(分骨) 쇄신(碎身)흔들 만일은(萬一恩)을 갑흐리공 /엄동(嚴冬)

분에 썩어가던 나무에 꽃이 피었고 삭은 뼈에서 살이 나오게 되었다고 하였다. 이 유배지에서 화자는 '구밀쥭 소곰반찬'을 먹고, '빅번믜즌 헌빅오시'를 입고, '샹우방풍 토목중'에 거주했다. 먹고 입고 사는 것이 모든 형편 없고 참혹했지만, 화자는 그것이 극락세계나 마찬가지라고 했다. 왜냐하면 화자가 평가하기에 이 현실은 고통이 아니었고 님의 은혜가 베풀어진 것이었기 때문이었다. 이렇듯 고통과 시련을 은혜로 여길 때 엄동이 지나고 봄이 돌아왔다. 거듭된 소론 세력의 반역 모의에 극도로 분노에 차 있었던 왕이 화자를 살려 준 것은 뼈에 사무치는 은혜였다. 그러므로 분골이 쇄신한다고 해도 만분의 일도 갚기 어렵다고 하였다.

 서사와 결사는 의미적인 측면에서 수미상관을 적절히 이루고 있지 않다. 서사에서 무인년 입춘이 돌아왔다고 했으므로 결사에서는 그 봄과 관련된 내용이 나오거나 혹은 그것과 연결된 소망으로 마무리하는 것이 자연스럽다. 그런데 서사의 시작과 결사의 마무리는 현실에서 시작하여 하룻밤 꿈에서 깨는 구조로 이루어져 있다. 이와 같은 연결은 본사의 마지막 단락인 본사 4와 결사의 의미적 결합을 매우 긴밀하게 만드는 반면에 작품 전개상에서 서론의 내용과는 유기적인 일관성을 느슨하게 만든다. 본사 4의 내용은 꿈속에서 님을 만나는 모습이기에 결론의 종결과 자연스럽게 이어진다. 또한 결사에서 화자가 잠에서 깨어나 님을 그리워한다는 내용이 나타나고 있으므로 본사의 서술 내용 전체가 화자의 꿈속이라고 볼 수도

 이 다 진(盡)ᄒ고 무인닙츈(戊寅立春) 드오리라

있다. 그러나 실제 서술된 내용은 꿈이라고 보기는 어렵고 일상에서 이루어지길 바랐던 태평성대에 대한 소망을 본사에서 서술한 것이라고 볼 수 있다.

〈무인입춘축성가〉는 유배의 여정과 유배지에서의 체험이 드러나는 유배가사의 전형적인 형태에서 벗어나 있다. 또한 화자가 여성의 목소리로 전화하여 님을 그리워하는 미인곡류의 유배가사도 아니다. 그보다는 오히려 화자 주관의 내면적 목소리보다는 외부 세계가 작품 속에서 지배적인 양상으로 서술되어 있다. 보다 서정적인 부분이 뒷부분에 위치하고 교술적인 부분을 앞부분에 위치시켜서 사실을 전달하며 자신의 감정을 강조한다. 그런데 화자가 전달하려는 사실은 존재하는 것이 아니라 존재해야만 하는 어떤 규범일 뿐이다.

2) 유배지, 태평성대의 시공간

〈무인입춘축성가〉에서는 태평성대를 소망하는 화자의 간절한 마음이 드러나고 있다. 그리고 춘첩자를 통해서, 군왕이 만들어가는 이러한 세상을 거듭해서 그려냈다. 그리고 이러한 세상은 유교적 논리에 기반하고 있는데, 화자는 인간 세상과 연속되는 자연과 만물이 어떻게 존재하느냐 하는 점을 먼저 서술한다. 즉 자연-도덕-정치가 서로 유기적으로 연속되면서 이들이 어떻게 어우러져야만 태평성대를 이룰 수 있는지를 전제하고 있다.

① 본사 1
현익(玄黓)이라 툐요셩(招搖星)이 동북방(東北方)의 고든말이
음곡(陰谷)의는 난눌(煖律)불고 삼양(三陽)이는 회틱(回泰)ᄒᆞ니
팁튱(蟄蟲)이 다동(動)ᄒᆞ고 석은풀의 비티예고
동식(動植) 함ᄉᆡᆼ믈(含生物)이 다쓸어 ᄉᆡᆼ의(生意)잇내
화긔(和氣)라 샹풍(祥風)이라 아니간듸 노야업늬
양츈(陽春) 덕틱(德澤)야 어의ᄎᆞᆷ도 어의츌샤
우리님 인덕(仁德)의는 그려도 못미츠리
텬디(天地) 너ᄅᆞ와도 셩덕(聖德)의는 좁ᄉᆞ오리
일월(日月)이 붉디마는 왕명(王明)보다 어두으리
요슌(堯舜)의 호ᄉᆡᆼ덕(好生德)도 박시졔즁(博施濟衆) 병(病)되시듸
신우(神禹)의 셩교(聖敎)로도 각ᄌᆞ위심(各自爲心) 우르시고
은탕(殷湯)의 그믈품도 일면(一面)은 그ᄌᆞ잇고
쥬무왕(周武王) 무셩공(武成功)도 진미(盡美)코 미진션(未盡善)테
우리님 홍공위열(鴻功偉烈) 만고(萬古)의 뉘비홀네
텬디간(天地間) 만〃믈(萬〃物)을 믈〃히 혜여ᄒᆞ니
외외탕탕(巍巍蕩蕩) ᄒᆞ온 덕(德)에 방블(彷彿)ᄒᆞᆫ것 젼(專)혀업시
구듕문(九重門) 달(闥)의는 츈텹ᄌᆞ(春帖字)야 셩컨마는
북ᄉᆡ(北塞) 죄루신(罪纍臣)도 숑츅(頌祝)이나 ᄒᆞ오리라

초요성이 동북으로 바뀌니 음곡에는 더운 바람이 불고, 삼춘이 돌아오니 겨울철에 동면하던 온갖 벌레들이 움직이고, 시들었던 풀이 일어나자 동식물이 모두 생의 의지가 충만하다. 봄이 오자 동물과 식물을 비롯한 모든 만물은 생의(生意)를 갖게 되었다. 이렇듯 만물이 있게 하는 것은 바로 살려는 의지 생의(生意)이고, 이것이 인간

의 삶 속에서 드러날 때는 인간을 인간답게 만드는 덕이다. 이러한 삶의 의지는 따뜻한 기운과 상서로운 바람으로 어느 곳에나 이르고 그것은 님의 인덕으로 연결된다. 화자는 "양츈 덕틱야 ~~ 왕명보다 어우으리"의 연속되는 4줄에서 님의 덕성을 인덕(仁德), 성덕(聖德), 왕명(王明)으로 찬양하고 그것을 자연의 덕성에 비유한다. 양츈의 덕, 천지의 넓음, 일월의 밝음을 오히려 능가하는 임금의 덕을 상찬한다. 자연의 생성의 덕을 인간 세상으로 가져와 그것이 전개되는 것을 통치자의 덕으로 파악했다.

만물의 덕과 그 기(氣)를 함께 하는 인군의 덕은 위대한 공업을 이루어낼 수 있다. 자연에 편재하는 생의의 삶의 의지를 인간 세상에 펼칠 때 임금의 공덕을 이룰 수 있다. 그리하여 우리 님이 이룬 공덕의 위대함을 고인과 견주어서 말한다. 성황들의 시절에 나타났던 요순우탕과 무왕의 덕에 우리 님의 덕을 비교해서 거론한다. 인덕(仁德)의 구체적인 내용은 '호생덕(好生德)[84]'과 '박시제중(博施濟衆)[85]'이다. '호생덕'은 인애로써 죽이지 않는 것을 즐기지 않는 덕이며 사형을 당해야 할 죄인을 살려주는 제왕의 덕이다. 화자인 이광사에게 베풀어진 영조 임금의 덕인 것이다. 더 나아가 이러한 왕의 덕은 백성들 모두에게 널리 퍼지며, 생명이 있는 것을 아끼는 데서

---

[84] 『서경』「大禹謨」皐陶曰, 帝德罔愆, 臨下以簡, 御衆以寬. 罰不及嗣, 賞延於世. 宥過無大, 刑故無小. 罪疑惟輕, 功疑惟重. 其殺不辜, 寧失不經, 好生之德, 洽於民心, 玆用不犯於有司.

[85] 『논어』「雍也」如有博施於民而能濟衆, 何如, 可謂仁乎. 何事於仁, 必也聖乎, 堯舜 其猶病諸.

좋은 정치가 펼쳐짐을 뜻한다. '박시제중'은 널리 베풀어서 뭇 백성을 구제한다는 것이며 공자는 이를 인(仁)하다고 하였다. 결과적으로 화자는 자연 만물의 생의가 임금의 덕으로 연속되고 그 후에는 화자 자신을 포함한 모든 백성에게 베풀어지는 인정(仁政)의 확산을 찬미한 것이다.

그러나 이러한 거듭되는 발언은 구체적인 현실에서 살아가는 인간들의 삶의 모습을 그려낸 것은 아니다. 그보다는 오히려 화자가 평소에 사유하는 자연과 도덕, 공동체에 대한 고정된 생각을 전제로 해서 그것을 자연스럽게 임금의 덕성으로 옮기고 있다. 이러한 자연의 생의를 인간의 도덕 법칙과 연결한 성리학자는 정호이다.[86] 정호는 주역의 '天地大德曰生'을 인용하여 천지의 최대 공덕을 생이라 하고 천지가 융합하여 만물이 순조롭게 변하니 생이 곧 성이라고 하였다. 그리고 이 생의 의지가 인간 정서에 나타날 때 그것이 곧 인(仁)이라고 하였다. 인자(仁者)는 곧 천지만물과 일체가 되고, 자연의 덕을 사람들 사이에서 베풀어야 한다고 하였다. 여기서 임금이 된 자는 이 덕을 이어서 인정을 베풀어야 하는 것이다.[87] 이 정호의 생의론은 이광사의 이기론과 일맥상통한다.[88]

---

86) 미조구치 유조, 『중국사상명강의』, 소나무, 2004, 64~67쪽 참조.
87) 『二程遺書』 권11. 天地之大德曰生 天地絪縕 萬物化醇 生之謂性 萬物之生意最可觀 此元者善之長也 期所謂仁也 人與天地一物也 而人特自小之 何哉耶. 풍우란 『중국철학사』 하, 까치, 1999, 518쪽에서 재인용. / 『二程遺書』 권2. 醫書言手足痿痺爲不仁 此言最善名狀 仁者以天地萬物爲一體 莫非己也. 認得爲己 何所不至 若不有諸己 自不與己相干 如手足不仁 氣已不貫 皆不屬己 故博施濟衆 乃聖人之功用. 풍우란, 『중국철학사』 하, 까치, 1999, 518쪽에서 재인용.

사람의 성품은 모두 선하고, 기에는 善惡이 있다는 사실은 경전을 갓 배우는 어린 학생들도 능히 아는 바이거늘, 도보는 '人性은 모두 선하다. 기도 또한 모두 선하다'라 하니 도보는 참으로 몰라서 그렇단 말인가? … 다만 그 본뜻을 찾아보니 '性'이란 글자를 지나치게 좁게 보았다. 대개 性이란 사람이 태어나 형태가 있은 뒤의 이름이다. (공자는 완전히 이루는 것을 성이라 하였고 정자는 生을 性이라 하였고 邵子는 성이란 도의 형체라고 하였다.) 氣는 理에 근본하고, 理는 形에 붙어 있고, 理가 곧 性이며, 性과 氣와 生은 함께 생겨나 붙어 묘하게 합해져 있으므로, 사실은 어느 것이 성이고 어느 것이 기인지를 볼 수가 없다. 선이라고 하면 모두 선하고 악이라 하면 모두가 악이다.[89]

이광사는 공자의 '成之者性'과 정호의 '生之謂性', 그리고 소옹의 '性者道之形體'를 자기 논리를 위한 근거로 삼아서 그들의 견해를 수용하고 있음을 나타냈다. 우선 이광사는 앞서 지적한 정호의 '생지위성'을 거론하는데 모든 만물은 천지로부터 나고 그것들은 모두 생생의 리를 갖고 있으며 이것이 비로소 성이 된다고 한 것이다. 그러므로 정호는 생을 성이라고 하였다. 이때 성은 개체가 형성된

---

88) 항재 이광신의 『先藁』에 남아 있는 편지 왕래 글에서 이광사의 이기론을 부분적으로 찾아 볼 수 있다. 1734년 경에 쓴 「與道甫書」, 「答道甫書」와 1742년에 쓴 「辨道甫理氣說」, 그리고 「書先世言行錄後 壬子」 등에서 이광신이 이광사의 말이나 글을 인용하는 부분을 보면 이광사의 이기론의 내용을 어느 정도 추론할 수 있다.
89) 이광신, 「辨道甫理氣說」, 『先藁』 人性皆善 氣有善惡 是經童小生所能知者 而道甫以爲人性皆善 氣亦皆善云 道甫眞不知而然耶. … 第原其本意 則看得一性字太局. 蓋性是人生形以後之名 孔子曰成之者性, 程子曰生之謂性, 邵子曰性者道之形體 氣本乎理 而理附乎形 理卽性 性與氣與生 俱生焉同妙合 實未見其那個爲性 那個爲氣 善則皆可善 惡則皆可惡. (서경숙의 앞의 논문, 202~203쪽의 번역 인용)

이후를 말한 것이므로 구체적 사물로서의 생은 반드시 기(氣)에 의거하여야 하기 때문에 기는 곧 성(性)이 된다. 결과적으로 정호는 성과 기를 일원적으로 파악하고 있으며 이것은 이광사의 성론과 같은 맥락을 이룬다. 이광사는 성은 형태가 있게 된 뒤의 이름이며, 성(性)과 기(氣)와 생(生)은 구분할 수 없으므로, 성(性)이 선(善)이면 기(氣)도 선(善)이라는 논리를 전개한다. '기(氣)는 리(理)에 근본하고, 리(理)는 형(形)에 붙어 있으니, 리(理)가 곧 성(性)이다'라 하여 주자적인 성즉리(性卽理)를 주장하나, 주자와 같이 성(性)과 기(氣)를 기질지성(氣質之性)과 천명지성(天命之性) 등으로 분리하여 대립하는 것으로 파악하지 않는다.[90] 곧 이광사는 마음을 이루는 성과 기와 생을 구분할 수 없다는 일원론적인 태도를 보여준다. 앞서 언급한 것처럼, 생, 생의는 대자연의 큰 덕이자 인간의 성이기도 하고, 성이 외부를 향한 정서로 가시화될 때가 인(仁)이 된다.

자연의 생의와 님의 인덕은 바로 태평성대를 만들어내는 전제가 된다. 화자는 이러한 전제 아래에서 기원으로 이어진다. 님의 덕에 대한 계속적인 찬양은 춘첩자로 이어진다. 성군의 치세가 영원하기를 기원하는 춘첩자를 쓰게 된다. 화자는 현재 이 땅에서는 태평성대가 실현되고 있다고 거듭해서 서술하고 있다. 그리고 이 성대의 왕업은 계속 계승되어야만 한다고 보았다. 본사 2와 본사 3에서 화자는 통치의 무궁함과 조야의 성세를 연속적으로 기원했다.

---

90) 서경숙, 「원교 이광사의 양명학」, 『양명학 연구』, 한국양명학회, 1999, 203~204쪽.

② 본사 2

텬황시(天皇氏) 만팔쳔셰(萬八千歲) 디황시(地皇氏) 만팔쳔셰(萬八千歲)
우리님 녁년슈(歷年數)는 텬황디황(天皇地皇) 겸(兼)ᄒ쇼셔
즈회(子會)에 하눌 열고 튝회(丑會)예 따히 열시
십이회(十二會) ᄎ온나츤 일원(一元)이 인다ᄒᆞᄂᆡ
이텬디(天地) 술아디고 후텬디(後天地) 개벽(開闢)도록
그ᄯᅢᄭᆞ 우리님은 향국무강(享國無疆) ᄒ오쇼셔
삼만년(三萬年)의 ᄒᆞ번퓌는 요디반도(瑤池蟠桃) 쳔번(千番)퓌고
삼쳔년(三千年) 샹뎐(桑田)되는 동히슈(東海水) 만번변(萬番變)코
슈미산(須彌山) 의딜(蟻蛭)ᄀᆞᆺ고 황하슈(黃河水)ᄂᆞᆫ 실ᄂᆞᆺ갓고
듀셰불(住世佛) 쳔(千)이 셕고 댱싱션(長生仙) 만(萬)을 못닉
우리님 다시보고 안락태평(安樂太平) ᄒ오쇼셔

입춘이 오자 북쪽 변방에서 유배살이를 하는 죄에 연루된 신하도 임금의 덕을 송축하고자 한다. 그리고 송축의 내용이 이어진다. 이미 화자는 대자연의 생의, 우리 님의 인덕, 그리고 우리 님의 이룬 홍공위열을 서술했다. 이러한 님의 위업이 끝없이 이어져야 하므로 향국무강을 이야기한다. 덕을 쌓고 공을 이루면서 시간적으로 중단이 없는 님의 통치를 기원한다. 님의 다스림의 내용은 다채로운 고사를 포함한다.

하늘과 땅이 열리고 영원의 시간인 일원이 흐르는 가운데 후천지가 개벽할 때까지 님의 통치가 계속되길 기원한다. 삼천 년에 한 번 피는 복숭아가 천 번을 피고, 삼천 년 뽕나무밭이 동해의 물이

되는 변화가 만 번이 일어나고, 수미산이 개밋둑처럼 되고, 황하수가 실낱 같이 되고, 본존불이 천이 녹아들고, 신선이 만을 모아도 우리 님이 평안하고 태평성대를 이루기를 축원한다. 현실에서 존재하기 불가능한 상상의 시공간을 병렬하면서 우리 님이 마치 그러한 시공간을 초월하여 태평성대를 이루기를 축원한다. 현실에서 볼 수 없고 상상으로만 가능한 무한한 시공간을 끌어와서 그것에 빗대어 현실적인 소망을 드러냈다.

이러한 태도는 고래로 있어 왔는데, 불가능을 가능케 하는 사례의 반복은 화자의 간절함이 가진 밀도와 폭을 보여주기 위해서일 것이다. 하지만 관습적인 예시가 계속 나열되기만 하고 그것에 투사되는 화자의 감정이나 심리를 기술하지 않아서 효과적으로 소망의 감정이 작품 속에서 드러나고 있지 않다. 향국무강에 이어서 안락태평이 나타났으니 의미망은 사대부 화자의 전통적인 가치관과 세계관에서 크게 벗어나고 있지 않다. 그런데 앞에서 언급한 비참한 화자의 유배지의 현실 공간 역시 이 세계관에서 해명되어야 하는데 그것은 전혀 드러나지 않는다. 즉, 화자는 자신이 살아가는 실질적인 삶의 공간보다 오히려 우리 님이 만들어갈 혹은 만들어가야만 하는 세계에 대한 당위적인 서술만을 계속하고 있다.

③ 본사 3
바다희 믈결쟈고 ㅅ변(四邊)의 봉화(烽火)긋고
오곡(五穀)이야 빅곡(百穀)이야 흙이런가 뒷글인가
집〃이 도쥬의돈(陶朱猗頓) 사롬마다 핑조악젼(彭祖偓佺)

강구(康衢) 연월(煙月)의 격양가(擊壤歌)도 하도할샤
셩즈(聖子) 신손(神孫)이 만억셰지(萬億世之) 무궁(無窮)일싀
북원(北苑)의 닌(麟)이놀고 아각(阿閣)의 봉(鳳)짓들고
팔도(八道)의 올닌글월 녕어(囹圄)가 다뷔거고
녕대(靈臺)의 알왼말이 남극셩(南極星) 반달만히
하놀의 오싁(五色)빗히 구룸인가 긔운인가
미양 당셩 어릐여셔 거들졸을 모루니다
어화 이셰계(世界)눈 지젹(載籍)의도 못듯亽왜
텬하(天下)의 듁빅(竹帛)으로 다어드리 긔록ᄒ며
텬하(天下)의 금셕(金石)으로 다어드리 사기릿던
ᄒ믈며 죄루신(罪纍臣)이 감(敢)히 유양(揄揚) ᄒ리ᄉ녀

이어지는 본사 3에서는 태평성대의 구체적인 모습이 드러나고 있다. 집집이 부자가 되었고 사람들은 모두 장수하게 되었다. 강구연월에 백성들은 격양가를 부르고 왕조는 성자와 신손, 즉 세자와 세손으로 이어져서 만 억 년을 연속하게 되었다. 이러한 시절에 궁궐의 아름다운 정원과 누대에서는 기린과 봉황이 놀고, 불충한 죄인은 사라져서 감옥이 빌 정도의 안정된 세상이 온 것이다. 화자는 사대부의 이상 속에 등장하는 태평세월과 그것을 이루어낸 왕실의 모습이 바로 지금의 모습이라고 서술하고 있다. 이 장면은 고래의 어떤 서책으로도 쓰여질 수 없고 천하의 어떤 죽백이나 금석으로도 새길 수 없는 것이 되었다. 그리하여 이 세상은 기록으로 한 번도 있어보지 못한 있을 수도 없는 그런 곳이 되었다. 그러나 실제 이 시기 조선사회의 현실이 이러한 완벽한 태평성대는 아니었다. 화자

는 상상 속에서 구체화 되었던 규범적인 태평성세의 모습을 그대로 가져왔다. 이것은 없는 세상을 있다고 그려내고 있을 뿐이다. 그러므로 화자는 유배자로서 자신을 둘러싼 세상을 자신의 경험을 통해서 그려내지 않고, 자신의 경험과는 분리된 채 내면에 선험적으로 갖고 있던 공간을 가져왔을 뿐이다.

〈무인입춘축성가〉에 나타나는 반복되는 태평성대를 향한 찬양과 송축은 화자가 그 영광의 순간을 함께 하기 때문에 나오는 자연스러움이 없다. 직접적인 경험이 없기 때문에 그래야만 하는 순간을 상정하고 당위적으로 반복하고 있는 것이다. 그러므로 이것이 가지는 실질적인 의미는 오로지 외부를 향해 있고 화자의 시선은 복합적이지 않고 매우 단일적이다. 갈등의 요소 자체를 제거한 채 하나의 목소리와 태도를 견지하고 있다고 볼 수 있다.

북변의 죄루신이 중앙의 왕과 왕조를 향해 부르는 송축은 현실로부터 미래를 예측하여 기원하는 것이 아니다. 조선 전기에 악장을 불렀던 시인들은 현실 권력과 신체제를 유지하려는 정치적 목적이 뚜렷했다. 송축을 통해서 송축의 대상에 대한 경애만이 아니라 스스로에 대한 자부심을 동시에 표출했다. 그런데 이광사의 송축은 정치적 목적이 없고 권력 유지를 원하는 권력자의 입장이 반영된 것도 아니었고 단지 생존의 문제와 관련을 맺고 있었다. 주류적 인물이 체제의 유지를 위해 부르는 성격의 송축이 아니었다. 비주류적인 인물이 사적(私的)인 자신의 생존을 위해 부르는 노래이기 때문에 그것은 단순한 송축이라고 보기 어렵다.

이 송축의 이면에는 다른 의미가 상존하고 있었을 것이다. 게다가 작품 속에서 나타나는 태평성세는 현실 그 자체가 아니라, 이루고자 하는 소망이 반영된 세계이다. 당위적으로 이루어져야만 하는 세계이고 그러한 세계를 계속해서 강조하고 반복하는 것은 그것이 지금 이 순간 이루어져 있지 않다고 하는 화자의 인식을 반영하고 있는 것이다. 게다가 이 태평성대는 나와 님만이 아니라 나와 님, 백성이 함께 사는 세상을 서술한 것이다. 즉, 나와 님 그리고 백성이 속한 이상사회를 언급한다. 실제 이광사가 살았던 유배지는 물리적으로 중앙에서 가장 먼 위치에 놓여 있는 북변이었다. 이곳은 조선시대의 일반 사대부들이 조선시대 내내 왕의 교화가 미치지 못한다고 보았다. 행정적인 체계가 제대로 이루어져 있지 않았고 유형자뿐만 아니라 일반 백성들도 의식주를 해결하기가 쉽지 않았다. 그러므로 만약 이런 장소에서조차 격양가를 부를 수 있고 왕의 덕이 온전히 베풀어졌다면 그야말로 더할 나위 없는 태평성대이다. 그러나 현실은 결코 그럴 수 없었다. 그러므로 이광사가 무인년 입춘에 그리는 세상은 오직 화자의 관념 속에서만 존재했다.

3) 공적 의리로서의 연군

기원과 송축의 귀결점은 이와 같은 태평성대를 가능하게 만든 임금이다. 그리고 화자가 임금을 그리는 연모의 서술이 자연스럽게 이어진다.

④ 본사 4

견마(犬馬)의 우쥰(愚蠢)홈도 년쥬(戀主)홀줄 절노알고
규곽(葵藿)의 무지(無知)홈도 향일(向日)홀줄 뉘시긴동
곤튱(昆蟲) 초목(草木)인들 나는졍셩(精誠) 금(禁)ᄒ리쇠
졍셩(精誠)이 감발(感發)ᄒ야 몽듕(夢中)의 핏득뫼셰
금난(金欄) 옥계샹(玉階上)의 홍약(紅藥)은 번득이고
어탑(御榻) 향안젼(香案前)의 뎐연(篆烟)은 어릐엿닉
댱낙(長樂)의 북소리는 곳밧긔 구울면서
금호(金壺)의난 누슈(煖漏水)는 드므리 뎐(傳)ᄒ는듸
룡안(龍顔)을 바라올듯 옥음(玉音)을 듯ᄌ올듯
고아(孤兒) 얼ᄌ(孽子)조ᄎ 부모(父母)얼골 쳠뵈온듯
궁곡(窮谷) 폐질인(癈疾人)이 일월(日月)비츨 우러온듯
즐업기하 극(極)ᄒ니 감누(感淚)만 죵횡(縱橫)ᄒ니
일만번(一萬番) 죽ᄉ온들 여한(餘恨)이 이실게고

사대부가 임금을 연모함은 너무나 당연한 일이다. 짐승이 비록 어리석더라도 주인을 절로 알게 되고, 해바라기가 앎이 없더라도 태양을 바라보게 되니 곤충이나 초목도 모두 저절로 알아서 하는 일이 있다. 자연에서 연주와 향일은 자연스러운 움직임이며 인간세상에서 연군 역시 자연스러운 정성이다. 그러므로 화자 역시 님을 바라보고 만나서 자신의 충심을 보여주고 싶어 한다. 이러한 화자의 충심이 꿈속에서나마 님을 잠깐 만나게 하였다. 꿈속에서 화자는 궁궐로 들어가니 님의 얼굴을 본 듯하고 님의 목소리를 들은 듯하다. 고아와 얼자가 부모를 만남이 감격이듯이 궁벽한 골짜기의

병자에게 해와 달의 빛은 치유의 서광이다. 임금을 그리는 화자는 이 어버이 잃은 고아이자 어둠에 묻힌 병자와 같다. 어버이는 자식의 근본이므로 그 자식은 도리를 다 해야 한다. 북변 유배자에게 임금은 부모이자 일월이다. 그러므로 임금의 얼굴과 목소리를 듣는다는 것은 끝없는 즐거움이자 일 만 번 죽어도 여한이 없는 감동이된다. 화자인 이광사와 임금은 현실의 조정에서는 서로 만난 적이 없었다. 오직 역옥에 걸려 들어 냉혹한 친국장에서 심문을 받을 때 임금과의 만남이 있었다. 그럼에도 불구하고 임금에 대한 연군의 정서는 충직한 신하의 위치에서 결코 벗어나지 않는다. 이때 자연에 대한 인식은 운명론적인 의미를 띠며 성리학자들은 자연과 연속되는 인간의 관계에서도 이런 운명적인 인식을 확장하였다.

임금과 신하의 관계 역시 인간이 억지로 만든 것이 아니라 본래적이고 정상적인 상태라는 것이다. 여기서 말하는 군신관계는 자연의 의미와 마찬가지로 인간의 행위에 따라 달라지는 것이 아닌, 운명이라는 의미가 들어 있다. 운명론적인 의미를 지닌 자연과 인간관계의 이런 개념은 중세에 이르러 주자에게 계승되었다. 주자는 "임금과 신하의 의리는 자연적인 성정에 뿌리를 두고 있기 때문에 인간이 어떻게 할 수 있는 것이 아니다."[91]고 하였다. 여기서도 물론 임금과 신하의 관계를 자연적인 일로 보고 있다. 하지만 주자는 그 관계가 인간의 의지와 상관이 없거나 초월한 것이 아니라, 자신

---

91) 주희, 『朱文公文集』 권72. 君臣之義根于情性之自然 非人之所能爲也. 미조구치 유조, 최진석 옮김, 『중국사상명강의』 소나무, 2004, 86쪽 재인용.

도 모르게 내심에서 드러나는 것이어야 한다고 보았다. 이러한 논리를 따라가 보면, 군신관계를 맺게 되는 사람은 굳이 대상을 직접적으로 경험하지 않고도 마음의 움직임을 따라 가다 보면 그 규범성을 체득할 수 있다.

　　상감의 어짊은 하늘과 같아 햇빛 같은 은혜 이 몸에도 되돌아왔네. 만 번 죽어 싼 목숨 살려주시고 특별히 이 목숨을 보전케 허락하시니 하찮고 천한 이 몸, 이 은혜 어이 갚으리요? 더구나 나이조차 먹어 문득 근력조차 부실함에랴? 보잘 것 없는 정성만 그칠 줄 몰라 아침마다 공경스레 목욕하고 향 피우고 대궐 향해 정성스레 사배하고 상감 은혜 기리기에 침식도 잊어 감히 상감의 장수를 축수하거니 부디 천지 같이 무한하시기를. 또한 바라건대 國運이 길고 굳건하기 태산과 곤륜산과 같길. 벽이며 바라지엔 온통 이것만 쓰고 입으로 외운다네 새벽부터 땅거미까지. 예전에 어떤 초야에 묻힌 이가 임금 은혜 느꺼워 미나리 바치려 했고 또한 가난한 백성 정성이 복 바쳐 봄볕도 바치려 했다더니 만 신의 정성 역시 이와 같으니 산을 지겠다는 모기와 뭐 다르리오? … 임금 섬김은 말로만 들었을 뿐 언제 한 번 뵙기나 했던가만 조정에 벼슬하건 초야에 묻히건 마음가짐 똑 같아라. 받들고 심복하는 정성으로 한 끼 밥인들 그 은혜 잊을 손가? 남북에 만약 변고라도 난다면 온 집 안이 앞장서서 활등개 메고 맨주먹으로 서슬 푸른 칼날 밟더라도 전진할지언정 후퇴는 말라. 깜냥에 의당 肝腦를 발라도 시원찮거늘 감히 공훈에 봉해지기 바랄까보냐? 당쟁의 화는 필경 나라를 망칠 것이니 그 기세는 하늘도 뒤흔들 지경 영웅이 평지에서 일어나 온 천지에 어수선히 피를 헤쳤네. 우리집은 더욱 삼가야만 하니 두렵거니 너희들 한마디라도 터뜨릴세라. 집안에서도 말조심 않다가는 그 말이 당장에

천리길을 달리느니라.⁹²⁾

위의 글은 이광사가 쓴 「訓家篇」의 서이다. 집안의 모든 어른들이 유배를 떠나고 난 후 서울과 그 인근에 남은 집안의 젊은 자질들에게 생활의 지침을 알려주려는 것이다. 여기서 화자는 사대부로서 임금과 맺게 되는 관계를 서술하고 있다. 임금을 섬김은 조정에서 벼슬하건 초야에 묻혀 있건 마음가짐은 똑같다. 마음으로 복종하는 정성으로 다만 한 끼라도 그 은혜를 잊어서는 안 된다. 그러므로 임금이 곤경이 처하면 맨주먹으로도 나가서 푸른 칼날 아래 밟히더라도 전진해야 한다. 화자는 실제로 평생 관료 생활을 하지 않았기 때문에 님과의 관계가 사적으로 맺어지지 않았다. 여기서 화자가 서술하는 님과 나의 관계는 내가 스스로 그렇다고 마음으로부터 생각하는 것이다. 그러나 이 일방성이 자기 마음대로 하는 지극히 자의적인 것은 아니다. 왜냐하면 이 관계는 자연의 이치와 같기 때문이다. 그것은 오히려 공적이고 보편 윤리의 측면에서 님과의 관계를 맺는다는 측면에서 보면 배워서 얻은 지식, 혹은 사대부 집단의 보편 관념에 기댄 것이다. 이런 관계 속에서 우리 집안이 당쟁에

---

92) 이광사, 「訓家篇 有序」, 『圓嶠集』 권2. 聖明仁如天 太陽回覆盆 求生萬死中 特許保其元 賤臣螻蟻類 何由報此恩. 況復齒已老 遽見愆膂筋 微誠不能已 朝朝敬沐薰 面闕勤四拜 頌恩忘寢飧 敢祝聖人壽 願得齋乾坤 且願寶祚長 鞏固比岱崑 壁牖遍書此 口誦寱晤昕. 聞昔有野人 義激請獻芹 且聞貧寠子 誠發思貢暄 臣忱亦如此 何異負山蚊. … 君只耳聞 何曾見一番 在朝在草野 處心齋兩斤 愛戴鬻誠 一飯俾可諼 南北若有警 擧族先蘩鞎 空拳蹈白刃 有進莫旋跟 分宜塗肝腦 敢望策功勳 薰禍必亡國 氣勢天可掀 龍蛇起平陸 玄黃血披紛 吾家尤可懲 恐汝一爾噴 居室不三縅 晷刻千里奔 樞機儻不愼.

기울어서 나라를 어지럽힘이 있었으니 더욱 조심하고 공경해야 하는 것이다. 환로에 오르지 않더라도 사대부로서 충은 공도(公道)이고 이 충의 윤리적인 기준이 화자의 일상을 규제하고 있는 것이다.

⑤ 결사
오경(五更)의 목마(牧馬)소리 줌든날 씨오거이
씨틴후(後) 의슈간(衣袖間)의 어로향(御爐香)이 그주잇닉
벼개우 물근눈물 쳔항(天行)이 만항(萬行)일식
싱닉(生來)에 믹틴원(願)을 몽듕(夢中)의 일온거시
이몸이 일식(一息) 미민젼(未泯前)은 일야숑츅(日夜頌祝) ᄒᆞ오리라

결사에서 화자는 임금에 대한 끝없는 송축의 념을 강조하면서 작품을 마무리한다. 잠들었다 오경에 깨어 보니 임금의 향기만이 옷소매 사이에 남아 있다. 세상에 태어난 이래로 간절했던 님을 만나보는 소원을 꿈속에서만 겨우 이룬 것이다. 그리고 목숨이 끝나는 날까지 님을 위해서 밤낮으로 송축하겠다는 다짐으로 끝을 맺었다. 꿈에서 깨어나 눈물 짓는 화자의 모습에서 그리움과 아쉬움의 감정이 드러나기는 하지만, 님에 대한 일방적인 찬양이라는 메시지는 여전히 반복적으로 제시된다. 화자의 입장에서는 님과의 일상과 과거가 부재하는 상황이기 때문에 님과 정서적으로 공감할 수 있는 여력이 약하다. 그보다는 오히려 대상의 공적 의지에 복종하고 그것을 통해서 나의 의리가 곧 대상의 의리로 동일시화 될 수 있음을 강조한다.

시상의 전개 과정에서 정치적으로 비주류적인 위치에 있는 화자가 주류적 입장을 대변하는 양상이 부자연스러운 측면이 있다. 원래 연군의 노래는 충을 전제로 한다. 그러나 화자의 충이 충의 대상에게 수용되지 않을 때, 화자는 그럼에도 불구하고 충성심을 유지해야 한다. 그것이 사대부에게 강조되었던 모랄폴리틱이었다.[93] 화자는 그것을 충실하게 이행하고 있다. 군신관계는 양반 개개인이 갖는 심정적인 차원이 아니라 명분론적인 의리로써 맺어진 것이다. 유학의 성군 이데올로기에서 충 개념은 『忠經』「천지신명」편은 충을 정의하기를 "마음의 중심이며 사를 버리고 지극한 공(公)에 이르는 것 (忠者中也 至公無私)"이라 한다. 유학자의 충성의 목표는 자의(恣意)가 아니라 반대로 그러한 왕의 자의를 길들일 윤리-도덕적 이상이었던 것이다.[94] 그런데 이 충성심의 근저에 원망과 분노가 영역을 넓혀간다면 그것은 흔히 반역으로 의심 받을 수 있다. 자신의 정치적 이념과 소신, 그리고 행위 때문이 아니라 연좌에 의해서 유배의 신분이 되었다면 자신의 무관함을 좀 더 강한 어조로 반복해야 할 필요성이 생긴다. 그런데 이 충성심의 근저에 원망과 분노가 영역을 넓혀간다면 그것은 흔히 반역으로 의심 받을 수 있다. 자신의 정치적 이념과 소신, 그리고 행위 때문이 아니라 연좌에 의해서 유배의 신분이 되었다면 자신의 무관함을 좀 더 강한 어조로 반복해야 할 필요성이

---

93) 김석근, 「조선시대 군신관계의 에토스와 그 특성-비교사상적인 시각에서」, 『한국정치학회보』 29(1), 한국정치학회, 1995, 116쪽.
94) 김상준, 「조선시대의 예송과 모랄폴리틱」, 『한국사회학』 35(2), 한국사회학회, 2001, 217~218쪽.

생긴다. 특히 이광사의 경우에 1762년에도 부령 인근의 지역민들에게 글과 글씨를 가르치고 있다는 점이 문제가 되어서 유배지를 신지도로 옮기게 된다.[95] 그런 점에서 보았을 때 늘 외부를 향한 시선과 목소리가 규범적이고 당위적일 필요성이 있는 것이다.

4) 송축과 연군의 결합과 그 의미

〈무인입춘축성가〉는 이광사의 부령 유배라는 맥락 위에서 송축과 연군이 내용적으로 결합하고 있는 작품이다. 사대부 유배가사에서 일반적으로 유배의 경험과 연군의 정서가 결합하고 있다면, 이광사의 〈무인입춘축성가〉에서는 유배의 경험은 최소화되고 송축과 연군이 지배적이다. 그런데 송축은 왕과 국가의 안녕과 수복을 기원하기에 일종의 연군의 성격을 띤다.[96] 〈무인입춘축성가〉에서 화자는 임금을 향해 연군의 마음을 드러내고 그 계기는 공동체 내부에서 민속 행사와 관련을 맺고 있다. 일종의 준공식적인 의례의 틀 안에서 드러내는 연군인 것이다. 이러한 점을 고려하면 〈무인입춘축성가〉에서 송축은 공적인 연군이라고 볼 수도 있을 것이다. 대개 사대부 유배가사에서 임금을 그리움의 대상으로 바라볼 때 화자는 그를 향한 사적인 감정을 표출하기 쉽다. 유배자인 화자의 내면에

---

95) 『영조실록』 100권, 영조 38년, 7월 25일과 9월 6일의 기록을 보면 사헌부에서 이광사의 행적을 거론하며 절도 이배를 청하였고, 9월에는 장령 한필수가 이광사의 이배를 거듭 청하였다.

96) 최지연, 「조선후기 송축가사 연구」, 홍익대학교 석사학위논문, 2000, 17쪽.

는 유배에 기인한 분노와 연군으로 비롯한 사모의 마음이 공존한다. 그래서 작품 내외부에서 이 두 정서적 충동은 적절한 긴장감을 형성한다. 반면에 〈무인입춘축성가〉에서 송축과 연군이 함께 할 때는 화자 개인이 겪는 실제 유배의 현실이 부각되지 않는다. 여기서 송축과 연군은 사적이기보다는 공적인 담론이 된다. 그리고 찬미의 대상에 대한 일방적인 진술이 주가 되면서 그것을 정당화하는 규범적 담론이 된다. 그리고 이때 임금은 한 개인이 아니라 어떤 가치를 대표한다. 화자는 공적인 대상인 님을 향해서 공적인 역할을 강조한다.

  왕은 개인으로서 실존하는 동시에 권력 자체이자 그것의 집행자였다. 즉, 왕은 화자가 복종해야만 하는 주군이며, 왕은 화자를 유배형에 처한 집행자이기도 하다. 화자는 왕에게 죄인이자 신하로서 윤리적·정치적으로 복종했다. 그러므로 작품 속에서 화자가 드러내는 감정은 원망이 아니라 동조이며, 분노보다는 체념이나 수용에 가까웠다. 이광사가 작품 속에서 마주하는 님인 왕은 개인이기도 하지만 왕이 상징하는 체계이다. 이때 한 명의 인간인 왕이 아니라, 그가 실현하고 있다고 여겨지는 "왕권의 윤리성"에 주목한다. 그리고 이 왕권의 윤리성에는 왕만이 아니라 이 왕조 국가에서 권력이 작동하는 방식 속에 살아가는 신하의 윤리도 포함된다. 왜냐하면 님은 화자가 살고 있는 세계의 기준을 제시하고 있기 때문이다. 그러므로 〈무인입춘축성가〉에서 화자는 임금과 동일성을 추구한다. 그 동일성은 화자와 임금이 서로 같은 의식적 지향을 하며 동일한 정치적 의리론을 지지한다는 것이다.

〈무인입춘축성가〉에서 화자는 유배지 부령에서 맞게 되는 입춘의 정경과 유배자의 심회를 서술하지 않았다. 화자는 자신의 사정과 의도를 조목조목 밝혀서 해배의 설득력을 높이려 하지 않았고 그보다는 임금의 우월함과 성대의 융성함을 계속 나열하고 있다. 그리하여 작자의 내면을 드러내지 않고, 그보다는 오히려 있었으면 하고 소망하는 현실을 반복해서 그렸다. 그러므로 작품에서는 지금의 현실이 태평성대가 아님에도 불구하고 태평성대의 공간이 나타났다. 그리고 이 시공간에 대한 찬미와 감탄이 중첩되었다. 반면에 유배죄인으로서 품게 되는 분노, 원망, 좌절, 연모와 같은 자연스러운 정서적인 반응은 거의 나타나지 않았다. 화자의 감정이 호응하는 대상이 설정되지 않고 대상이 실현하는 세상에 대한 감탄과 이해가 주를 이룬다.

이러한 서술은 정치적으로 패배한 사대부 유배자의 신분으로서 할 수 있는 대사회적 발언이라고 볼 수 있다. 화자는 님과 님을 둘러싼 다른 청중들에게 자신의 충을 확신시키려고 한 것이다. 세상의 안락태평과 왕권의 정당성을 한 점 의심없이 수용한다는 화자의 태도는 왕이 형벌을 통해서 강제했던 신하의 자세였다. 영조는 스스로 을해역옥에 대한 대사면을 반포하는 자리에서 삼종혈맥의 후계자로서 큰 기업을 이어받았고 이에 다스리는 도리의 근본을 인(仁)이라 생각하여 포용하는 정사를 베풀었다고 단언하고 있다.[97] 더욱이 형벌과 관용이 동시에 정치자원이 될 수 있었던 시대에 범

---
97) 『영조실록』 84권, 영조 31년, 4월 13일.

법의 혐의자들이 다다르게 되는 막바지 단계는 사법적 판정과 형의 집행을 피해갈 용서의 '빈 터'가 과연 마련될 수 있느냐는 극한의 질문이었다. 그러므로 죽음을 유배로 낮춰준 행위는 왕의 시혜였고 유배자가 마음으로부터 느낄 수 있는 하염없는 감은이었다. 이 은혜를 수용한 자는 감읍하였고, 차후에는 배전의 충성을 서약할 것이었다.[98] 이광사는 이 무인년 입춘의 노래를 통해서 성대(聖代)를 찬미하고 왕좌의 권위에 자발적으로 복종하고 있는 것이다.

이광사는 이러한 왕의 관용을 통해서 죽음을 피해서 북변으로 유배를 갔다. 그러므로 〈무인입춘축성가〉는 송축을 통해서 연군을 강조하여서 자신의 정치적 태도하게 천면하려는 정치적인 맥락으로 읽혀질 수 있다. 화자가 가사를 짓고 그것을 노래하는 것은 중앙의 권력자들에게도 알려질 수 있다. 노래의 가사만이 아니라 노래를 짓는다는 행위조차도 의미를 가지고 전달된다. 결과적으로 그런 창작 행위를 통해서 작자는 자신의 정치적 입장과 태도를 드러낼 수 있었다. 1762년에 이광사는 다시 남해 절도인 신지도로 이배가 확정되는데, 그 이유가 부령 땅에서 인근 사람들에게 글과 글씨를 가르쳤기 때문이었다.[99] 그의 글 쓰는 행위는 어떤 방식이든지 간에 유배지 외부의 세계와 소통할 수 있는 수단이 되었다. 이러한 태도는 공인된 사회적 발언을 통해서 화자 역시 그 가치의 공동체 안에

---

98) 박종성, 『조선은 법가의 나라였는가 – 죄와 벌의 통치 공학』, 인간사랑, 2007, 1000~1001쪽.
99) 『영조실록』 100권, 영조 38년, 7월 25일. / 『영조실록』 100권, 영조 38년, 9월 6일.

있음을 반복해서 제시함으로써 님의 의심과 불신을 제거하는 데 목적이 있었을 것이다.

이광사는 비주류적인 위치에 있는 사람이었음에도 불구하고 작품에서는 현실을 주류적 입장에서 재구성한다. 유배자의 고통은 사라지고 번성하는 태평성대의 기쁨이 드러났다. 그러므로 이 성세에서 화자는 님과의 관계를 조선사대부의 전통적인 관념과 방식으로 규정짓고 있다. 조선 사회에서 성리학적 군신관계에서 중심축은 수직성과 상호성에 있다. 유교 윤리에서 오륜은 상하질서의 수직적 관계 속에서 지배의 논리가 형성되지만 하부를 지배하는 상부의 정당성은 자발적 복종과 수용을 전제로 했을 때 합리화된다. 이광사의 경우에 부령의 유배는 자신의 과오에 대한 처벌이 아니었다. 게다가 자신의 과오가 아니라면 벌을 준 자에게 윤리적, 정치적 책임이 돌려진다. 그러므로 작자는 나의 잘못도 아니고 님의 책임도 아닌 상황을 만들어냈다. 따라서 나와 님 사이에서 누구의 과오도 아니라는 인식의 틀을 설정했다. 그것은 화자가 처한 비참한 현실이 화자의 죄 때문이 아니라 치우친 당론과 당쟁의 몰입으로 인한 가문의 폐망임을 지적하는 것이었다.[100] 후대 이광사 집안의 인물들은 이러한 인식을 공유한다.[101] 이러한 가문이 처한 상황에 대한 지

---

100) 이광사, 「叔兄艾叟先生記實文」, 『원교집』 9권 我家自孝敏公來, 世以忘身殉國爲心, 至伯父澤軒公, 竟陷薰籍, 門戸廢僇. / 이광사, 「祭恒齋從兄文」, 『원교집』 6권 至于庚戌, 璿潢世家, 百口活埋, 塤壞抑屈, 離此百憂, 兄遂杜戸, 獨愛其廬, 築亭于園, 扁曰園連, 惟是之園, 處于闇闇, 突然而高.

101) 최성환, 앞의 논문 내용 참조.

적은 바로 왕권에 의한 탕평을 주장했던 왕의 논리와 괘를 같이 하였다. 영조는 시비에 몰입하는 붕당의 폐단을 왕정을 어렵게 하는 주요 원인으로 인식하고 있었다. 그리고 영조는 을해역옥을 완전히 정리하면서 왕권의 정통성을 위협했던 세력을 완전히 제거하였고 정국의 운영 과정에서 유교적 성군인 요순을 추구하였다. 그는 사족에게는 치통과 도통을 겸비한 군사의 권위를 바탕으로 한 절대적인 심복을 요구하는 엄격한 군주의 모습을 보였다.[102]

그러므로 왕의 결정은 윤리적으로나 정치적으로 화자가 받아들일 수 있는 것이었다. 유배자의 신분으로서 자신의 해배를 소망하는 화자는 왕의 주장이 가진 정당성을 받아들였다. 이때 이광사의 입장에서 군(君)이 군(君)다운 정치를 실현하는 주체로 서 있다면, 그 체제에서 신은 마땅히 지켜야 할 위치와 역할이 있는 것이다. 군과 신은 함께 마땅히 지켜야 하는 원칙이 있고 그것을 재천명함을 통해서 당위적인 군신 공유의 공간을 만들고자 하였다. 그 공간에서는 덕의 실현을 통해서 태평성대를 이룰 수 있다고 보았다. 그리고 이러한 군신 간의 수직적 관계를 공고히 하며 전면적인 송축의 태도를 취한다. 결국 이 태도의 이면에는 님 혹은 왕이 대변하는 체제와의 화해라는 논리가 있었다.

결과적으로 이광사가 〈무인입춘축성가〉에서 반복해서 형상화하고자 했던 것은 왕이 이루어낸 성세이고 그것에 대한 감탄과 감격이었다. 그리고 그것을 드러내기 위한 과정에서 자신이 직접 몸으

---

[102] 김백철, 앞의 책, 141쪽.

로 겪은 현실을 경험적으로 비판하기보다는 선험적인 당위로서 긍정했다. 이러한 긍정의 바탕에는 어려운 현실을 감당해야 하는 마음의 자세에 대한 이광사의 관점이 내재하고 있다고 보인다. 이광사는 맹자가 말하는 양기(養氣)를 강조한다. 그것은 마음의 불건전한 과잉, 이를테면 『대학』에서처럼 불합리한 분치(忿懥)와 호오(好惡), 우환(憂患), 공구(恐懼)를 덜어낼 뿐 마음을 억지로 강제하지 않는다고 하였다. 그는 자기 마음의 인(仁)의 자연성을 믿고 그것에 어긋나지 않도록 유의해야 한다고 보았다.[103] 이광사가 정제두에게서 익힌 실학의 요체 역시 내면을 오로지 하고 자기에게 성실함[專於內, 實於己]'이다. '내면을 오로지 한다'는 것은 '지선(至善)'이 내면에 있음을 알고 오로지 자기 내면에서 지선을 구하는 것이다. '자기에게 성실하다[實於己]'는 것은 지선이 실제로 자기에게 있게 하는 것이다. 지선이 실제로 자기에게 있게 하기 위해서는 스스로를 속이지 않는 무자기(毋自欺)의 근독(謹獨)과 성의(誠意) 등의 공부가 요구된다.[104] 마음을 중심에 두고 외부의 상황에 흔들리지 않는다는 학문하는 자세는 유배지의 상황에서 세계를 긍정적으로 인식하는 요소가 되었을 것이다.

  이광사는 자신의 이기론에서 자연의 생의를 인간의 도덕 법칙과 연결했다.[105] 우선 이광사는 정호의 '생지위성'을 거론하는데 모든

---

103) 한형조, 「기질은 선한가-아버지 원교의 양명학과 아들 신재의 주자학」, 『정신문화연구』 34(2), 한국정신문화연구원, 2011, 91쪽.
104) 한정길, 「원교 이광사의 〈대학〉관 연구」, 『양명학』 76, 한국양명학회, 2025, 180~181쪽.

만물은 천지로부터 나고 그것들은 모두 생생의 리를 갖고 있으며 이것이 비로소 성이 된다고 한 것이다. 그러므로 정호는 생을 성이라고 하였다.[106] 이때 성은 개체가 형성된 이후를 말한 것이므로 구체적 사물로서의 생은 반드시 기(氣)에 의거하여야 하기 때문에 기(氣)는 곧 성(性)이 된다. 이 생의 의지가 인간 정서에 나타날 때 그것이 곧 인(仁)이라고 하였다. 그러므로 인자(仁者)는 곧 천지만물(天地萬物)과 일체가 되고, 자연의 덕을 사람들 사이에서 베풀어야 한다고 하였다. 여기서 임금이 된 자는 이 덕을 이어서 인정을 베풀어야 하는 책무가 생긴다. 이광사는 성(性)은 형태가 있게 된 뒤의 이름이며, 성(性)과 기(氣)와 생(生)은 구분할 수 없으므로, 성(性)이 선(善)이면 기(氣)도 선(善)이라는 논리를 전개한다.[107] 자연 만물 속에 운행하는 리와 기는 하나이고 그 기가 발현된 것이 성이다. 이러한 성이 인간의 도덕으로 나타나게 된 것이 인이고, 인자인 왕이 정치를 통해서 그 인을 실현한 것이 태평성대이다. 이러한 사유의 연쇄를 따라가 보면, 자연의 생의를 가장 선명하게 느낀 입춘에 왕의 인정(仁

---

105) 이광사의 理氣論은 사촌 형인 항재 이광신의 『先藁』에 남아 있는 형제 사이에서 왕래한 편지글에서 찾아 볼 수 있다. 1734년 경에 쓴 「與道甫書」, 「答道甫書」와 1742년에 쓴 「辨道甫理氣說」, 그리고 「書先世言行錄後 壬子」에서 이광신이 이광사의 말이나 글을 인용하고 있는데, 이러한 부분을 통해서 이광사의 생각과 사유를 추론해 볼 수 있다.
106) 이광신, 「辨道甫理氣說」, 『先藁』 人性皆善 氣有善惡 是經童小生所能知者 而道甫以爲人性皆善 氣亦皆善云 道甫眞不知而然耶. … 第原其本意 則看得一性字太局. 蓋性是人生形以後之名 孔子曰成之者性, 程子曰生之謂性, 邵子曰性者道之形體 氣本乎理 而理附乎形 理卽性 性與氣與生 俱生衾同妙合 實未見那個爲性 那個爲氣 善則皆可善 惡則皆可惡.
107) 서경숙, 「원교 이광사의 양명학」, 『양명학』 3, 한국양명학회, 1999, 203~204쪽.

政)과 성덕(聖德)을 떠올릴 수 있는 것이다.

〈무인입춘축성가〉에는 이러한 성세가 이미 이루어졌다고 서술하고 있다. 하지만 실제 삶에서 이광사는 태평성대에서도 소외된 유배자였고, 군신관계에서도 자신의 충이 왕에게 닿을 수 있는 통로가 막혀 있었다. 그러나 이러한 자신의 현실을 비판적으로 인식하기보다는 화자는 주어진 현실과 화해하고 있는 것이다. 그렇기에 이 성대를 송축하면서 현실 속에서 인정(仁政)이 실현되어가고 있다고 믿으며 그것이 화자에게도 미치길 강력하게 소망한 것으로 볼 수 있다. 유배자의 신분이었기 때문에 비록 왕을 면대할 수 없을지라도 이러한 왕이 있어야만 한다는 당위적인 기대감이 더 간절할 수도 있었을 것이다.

이광사의 처지는 기존의 유배가사 창작자와는 다른 측면이 있다. 여타의 창작자들은 유배를 통해서 자신이 현재 가시적으로 권력이 작동하는 정치현실에서 밀려나 중앙 정치로부터 멀어졌다. 반면에 이광사는 이미 정치 현실로부터 물러났거나 밀려나 있던 사람이 유배를 통해서 다시 정치적 현실 속으로 들어가게 된 것이다. 정치 현실의 결과가 자신의 삶에 큰 영향을 미치지 않았던 사람들에게 다시 정치 현실이 생존의 문제와 연결되는 과정을 겪게 된 것이다. 이것은 그나마 평온한 삶을 유지하던 사람이 다시 정치적 소용돌이로 들어가게 된 것이다. 이때 화자의 주변은 변화하고 화자의 목소리도 당연히 바뀌게 된다. 그러므로 이광사가 유배가사로서 축성가를 선택한 것은 의미심장하다. 실제로 입춘에 축성한다는 것은 결국 큰 행운과 복락이 오기를 기대하는 것이다. 유배자가 된 입장에서 그것을 기대하며 동시에 자신의 발화와 행동이 지배자의 권력과 이익에 맞추도록 하고 있는 것이다. 그것은 자신의 감정과 태도를 스스로 통제하면서 외부의 권력자를 향해서 발화하는 자세이다. 다음 장에서는 동일한 정치적 사건과 유배를 경험한 이광명의 작품을 검토해 보고자 한다.

2. 이광명의 〈북찬가〉에 나타난 유배 체험과 사친

1) 유배의 시공간과 작품의 구조적 특징

이광명은 을해역옥에 연루되어 1755년에 함경도 갑산으로 유배를 떠났다. 노년의 나이에 낯선 북변의 유배지에서 〈북찬가〉를 지었는데 이 작품은 140행 281구로 이루어져 있다. 이광명이 유배를 떠나는 과정을 따라서 서술이 진행되고 있지만, 여타의 일반적인 사대부 유배가사들처럼 유배의 단일 사건에 서술의 초점이 맞춰져 있지 않다는 점이 주목할 만하다. 작품 서술 과정에서 유배는 화자의 일생의 시간 속에서 가장 중요한 변곡점이 되는 시간으로 배치되어 있다. 먼저 의미적인 구분을 따라서 단락을 구분해서 정리해 보면 다음과 같다.

단락		행	주요 제재
1	서사	가련타 묘여일신 ~ 복지가 여괴로다	강화도 이주의 내력
2		슉슈를 못니워도 ~ 여싱을 즐기러니	모친 봉양과 자족적 삶
3	본사	경심타 지어앙에 ~ 결초혼들 다 갑흘가	30년 전의 재앙, 유배형을 당함
4		소미에 강도상도 ~ 가슴이 터지거다	북변으로 유배지 결정, 모친과의 이별
5		팔쳑당신 설잉구여 ~ 자친고혈 더욱 셥다	유배지 갑산으로 가는 여정
6		후치 매덕 무인지를 ~ 낙년이도 할 말 업닉	유배지의 혹독한 환경
7		미친 실음 플쟉시면 ~ 일반고사 뉘 헤울고	유배자의 서러움, 사친의 념과 그리움
8		문노라 붉은 돌아 ~ 이대도록 졔쳐온고	어머니를 그리워하는 애달픈 마음
9		말노장신 덜ㅎ던가 ~ 불효도 막대ㅎ다	후손으로서의 자괴감, 불효
10	결사	즈탄신셰 홀 일 업서 ~ 명츈 은경 미츠쇼셔	자탄, 해배 기원

작품의 구조를 보면 시공간의 설정에서 특징적인 측면이 나타나고 있다. 서사, 본사, 결사를 통한 의미 전개 과정에서 동일한 층위의 시간의 유형[108]이 설정되고 있지 않다. 서사에 해당하는 1, 2단락

---

108) 이 글에서 시간의 유형에 대한 개념은 다음의 논의로부터 가져왔다. 홍성수(「시차이론과 시간의 개념」, 『한국정책연구』 16(3), 경인행정학회, 2016, 5~10쪽)는 기존의 시간과 시차에 대한 이론을 검토한 후에, 시간의 유형을 양적 시간과 질적 시간으로 구분하였다. 양적 시간은 균등하게 분할되며, 측정가능하고 직선적이며 시계적 시간이다. 양적 시간에는 물리적 시간, 순환적 시간, 그리고 생명주기적 시간이

에서는 생애 주기의 순차적 시간이 나와서 유년기, 청년기, 장년기, 노년기에 이르는 과정이 압축적으로 전개되고 있다. 유배를 떠나기 전에 작자가 보냈던 인생의 과정이 드러났다. 본사(3-9)에서는 이러한 생애 주기에서 도드라지는 계기적 사건으로서 화자의 유배 경험을 집중적으로 드러내는 주관적 시간이 전개되고 있다. 서사는 주로 화자의 자전적 기억에 의존하여 서술된 과거라면, 본사는 지금 이루어지는 화자의 행동을 따라서 진행되고 있는 현재로 파악할 수 있다. 결사(10)에서는 서사에서 드러나는 인생의 주기와 유배지에서의 삶의 시간이 통합되고 있다. 객관적이고 순차적으로 진행되는 일생의 흐름이 현재 막 겪고 있는 유배의 시간으로 연결된다. 궁극적으로 화자가 전체 인생 속에서 가장 소망하는 바를 드러내고 있다.

〈북찬가〉에서 유배가사라는 장르적 정체성은 서사 없이 본사 부분만으로도 충분히 드러난다. 유배가사에서 나타나는 작품의 구성 요소는 득죄 – 유배행로 – 유배지 – 유배 생활 – 무죄, 해배이다.[109]

있다. 생명주기적 시간이란 인간의 경우에는 유아기-성장기-장년기-노년기-사망기의 과정을 거치는 것이듯 사회현상에서도 한 과정(도입-성장-안정-소멸)을 나타내는 시간 개념이다. 양적 시간은 일반적으로 일상인들이 객관적으로 계산하고 측량하는 것이다. 질적 시간이란 동일한 시계적 시간에 대해서 사람과 조직, 집단에 따라서 그 해석과 의미가 달라지는 것이다. 질적 시간은 불연속적이며 측정이 어렵고, 사적인 감정 표현이나 사회적 경험에 영향을 받는다. 질적인 시간은 주관적 시간, 사회적 시간, 상대적 시간으로 구분된다. 주관적 시간은 심리적이며 개인의 주관적 경험의 시간이다. 사회적 시간은 사회적으로 공유하는 문화적 구성물에 해당하며, 상대적 시간은 타인의 시간과 비교함으로써 인식하게 되는 것이다.

109) 우부식, 「유배가사 연구」, 충남대학교 박사학위논문, 2005, 51~96쪽. 이 구성 요소에는 귀로가 추가되지만, 귀로가 나타나는 작품은 〈북천가〉가 유일하기 때문에 제외했다.

〈북찬가〉에서도 유배가사의 구성 요소가 나타나고 있지만, 서술 과정에서 득죄 자체는 우연한 재앙으로 드러났고 유배의 체험이나 유배자의 일상은 구체적으로 거의 드러나고 있지 않다. 작품의 전면에서 주로 사친의 정을 부각시키고 어머니를 그리워하는 심회가 가장 많이 서술되어 있다.[110] 화자가 유배지에서 부르는 사모곡이라고 할 수 있다. 강화도의 은거지에서 삼수갑산의 유배지로 시공간이 바뀐다. 그리고 은거, 유배길, 유배지에서의 삶으로 이어지는 서술 과정을 통해서 가족이 보존되던 안정된 삶과 친족관계가 해체되는 과정이 나타났다.

서사에서는 화자의 생애 주기에서 의미 있는 일들을 먼저 서술하고 있다. 서사에서 유배형을 받게 되는 이유나 동기, 혹은 상황을 밝히지 않고 본인의 일생에서 강화도에 칩거하게 된 계기를 기술하고 있다.

①
가련(可憐)타 묘여일신(藐如一身) 턴지간(天地間)의 뉘 비홀고
십셰(十世)에 조고(早孤)ᄒ니 엄안(嚴顔)을 안다 홀가
일싱(一生)을 영폐(永廢)ᄒ니 군문(君門)을 ᄇ라볼가
친척(親戚)이 다 볼이니 붕우(朋友)야 니롤소냐
셰군(細君)조차 포병(抱病)ᄒ니 싱산(生産)도 머홀시고

---

[110] 어머니와의 이별, 그리움, 봉양하지 못하는 자신의 처지에 대한 자탄을 합하면 47행으로 전체의 33%이다. 서사에서 어머니와의 생활까지 합하면 56행으로 전체 140행의 40%에 해당한다.

형뎨(兄弟)는 본디 업고 계즈(繼子)롤 무자일테
오륜의 버서나니 팔즈도 궁독(窮獨)홀샤
편친(偏親)만 의지(依支)ㅎ여 지낙(至樂)이 이쑨이라
고ㅇ(孤兒)의 두린ᄆᆞᆷ 넘뛸 듯 다칠 듯
과환(科宦)도 뜻이업서 셰망을 피ㅎ리라
경낙ᄀᆞ치 번화지(繁華地)롤 전성시(全盛時)의 하딕(下直)ㅎ고
ᄒᆡ곡(海曲)으로 깁히 들어 암혈(巖穴)에 곰최이니
경화긱(京華客) 못 맛나니 인간(人間) 시비(是非) 내 아던가
지원(至願)을 일우거냐 복지(福地)가 여긔로다

　　화자 개인의 일생을 간략하게 요약 제시하고 있다. 1행에서 화자는 작고 보잘 것 없는 몸 '묘여일신'으로 규정되고 연속되는 행들에서 구체적으로 그 내용이 드러나고 있다. 어린 시절에 엄친을 여의고 외로운 처지가 되었고, 일생을 출세한 뜻을 버려서 조정에 나가지 않았기에 임금을 모시지도 않았다. 친척과 친구가 자신을 버렸고 아내는 병을 얻어서 후계를 잇지 못했다. 화자는 부자, 군신관계를 제대로 맺을 수 없었고, 장유, 붕우, 부부의 관계도 바람직하게 이루어지지 않았다. 그렇기에 오륜을 지킬 여지가 없었기에 궁벽하고 외로운 팔자가 되었다. 그러므로 오직 어머니를 모시기를 지극한 즐거움으로 여겼다. 화자는 세상을 두려워하여 인간의 시비에 거리를 두었다. "셰망을 피ㅎ"고, "ᄒᆡ곡으로 깁히들어", "암혈에 감최이니"라고 하여 은거의 이유와 과정을 드러냈다. 화자는 경낙과 경화의 인간으로부터 벗어나기 위해서 해곡으로 깊이 들어가서 몸을 감춘다고 하였다. 한양 경화에서 벌어지는 시비와 거리를 두고

자 했다. 세상으로부터 점점 더 멀리 들어가게 되자 그곳이 복된 땅이었다. 유배나 유배를 일으킨 직접적인 사건과는 무관하게 시간의 흐름에 따라서 개인적 상황이 달라지는 점을 기술하였다. 하지만 화자가 이진유, 이진검의 가문인 이상 세상과 정치현실에서 완전히 무관할 수는 없다. 역설적으로 경낙의 시비를 두려워한다는 것 자체가 시비가 있었음을 짐작케 한다.

②
슉슈(菽水)를 못 니워도 슬하(膝下)의 댱시(長侍)ᄒᆞ여
ᄌᆞ훈(慈訓)을 엄사(嚴師)삼아 삼쳔교(三遷敎)를 ᄇᆞ라보고
아둘노릇 ᄯᆞᆯ노릇 유ᄋᆞ희(乳兒戲)를 일삼으며
친년(親年)이 졈고(漸高)ᄒᆞ니 원유(遠遊)를 의ᄉᆞ(意思)ᄒᆞᆯ가
졀ᄉᆞ(節祀)길도 못 둣닐 제 지졍(至情)이 결연(缺然)ᄒᆞᆯ샤
집 뒤헤 텬장(遷葬)ᄒᆞ고 됴셕(朝夕)의 쳠ᄇᆡ(瞻拜)ᄒᆞ니
양ᄉᆡᆼ(養生)이며 ᄉᆞ망(事亡)ᄒᆞ매 졍녜(情禮)를 거의 펼 둣
닙신(立身) 편양(便養) 못 ᄒᆞ거니 힘대로나 밧들니라
후ᄉᆞ(後嗣)도 쳐냥(凄凉)ᄒᆞ니 내 몸ᄭᅡ쟝 다ᄒᆞ오려
쳔만(千萬) 근심 다 ᄇᆞ리고 여ᄉᆡᆼ(餘生)을 즐기리니

소년기에 강화로 이거하여 노년에까지 계속되었던 은거의 일상을 구체화했다. 어머니의 자애로움과 나의 효성이 함께 한 날들이 점점 오래되니 화자는 홀로 멀리 외유할 것을 생각조차 하지 않았다. 어려운 환경 속에서 어머니를 모시고 부친을 이장하여 자식의 도리를 다해서 드디어 정(情)과 예(禮)를 갖추게 되었다. 그럼에도

불구하고 화자는 부친을 일찍 여읜 고아이자 후사를 기대할 수 없는 지아비이고, 환로를 포기한 선비였다. 사대부로서 완전하고 충일한 삶이라고 보기는 어려웠다. 그렇기에 이런 화자의 삶에서 가치를 실현할 수 있는 대상은 오로지 자친이었다. 이 화자가 유자적 삶의 근본으로 윤리를 실천할 수 있는 대상은 어머니뿐이었다. 그러므로 어머니와 친친함은 화자에게 가장 중요한 삶의 실천 방법이었다. 오륜 중에서도 화자의 실존 상황에서 가능한 것은 편친에 대한 효를 실현하는 것으로서 부자유친뿐이었다.

서사에서는 화자의 일생에서 유배 이전의 삶을 요약적으로 제시했다. 태어나서 자라고 삶의 목적을 정하고 그 토대를 강화도로 삶는 과정을 차례로 서술했다. 시간적인 흐름은 화자의 인생 전체이고 공간적인 장소는 은거지 강화도이다. 자신의 일생을 요약하는 부분에서 화자의 자기 반성적인 태도가 드러나는데 그것이 기억에 기반한 사생활로 집중되었다. 그렇지만 화자의 생과 자친과의 삶을 유지하게 된 기저에는 임금의 삼십 년 동안의 은혜가 있었다. 화자 개인의 평온한 삶을 유지하게 한 근본 동인은 임금에 의해 유지된 것이었다. 임금, 현실에서 권력을 쥔 영조가 내린 정치적 결정이었다.

이것은 비록 관료가 되어서 임금과 함께 공치(共治)의 역할을 할 수 있지는 못했지만 어렵고 혹독한 시절에 개인적인 존엄성과 사람다움을 보존할 수 있었던 근거였다. 이것은 군주가 나를 등용하거나 그렇지 않거나의 차원이 아니었다. 극심한 정쟁 속에서 군주조차도 한 편의 당파를 지지할 수밖에 없었던 기울어진 현실을 인정하면서도 권력의 균형점을 찾을 수 있었던 군주의 존재 자체가 화자의 평온한 삶을 보장해 준 것이었다. 그러므로 이때의 은거는 그래서 일종의 신호일 수도 있었다. 화자가 세상과 임금에게 보내는 것으로 자신이 이 왕의 체제에서 순응하며 살고 있으며 이 현실을 수용한다는 것이었다. 그러므로 강화도는 "천만근심 다 브리고 여싱을 즐기러니"라고 할 수 있는 복지였다.

본사에서는 이광명 인생의 한 국면에서의 충격적 경험에 초점을 맞추는 서술이 이루어졌다. 그것은 작자의 인생에서 그 전후를 가를 수 있는 원인이 되었던 계기적 사건인 유배였다. 서사에서 서술하고 있는 강화도 은거는 결국 유배와 관련을 맺는다. 지나 온 시간에서 유배의 원인이 이미 내재하고 있었고, 화자는 유배의 시작점에서 그것을 자신에게 우연히 밀어닥친 재앙이라고 하였다. 비록 우연이라고 여겼지만 필연적이었다. 가문과 혈연은 작자가 선택할 수 없는 것이었고 벗어나기도 불가능했다.

③
경심(驚心)타 지어앙(池魚殃)에 묵은 불 닐어나니
삼십여 년(三十餘年) 눅힌 은젼(恩典) 오놀날에 쏘 면(免)할가
향옥(鄕獄)에 주취(自就)ㅎ여 쳐분(處分)을 기드일시
빅일(白日)에 벽녁(霹靂)ㄴ려 눈 우희 서리치니
눈썹에 쩌러진 익(厄) 독의 든들 피(避)ㅎ년가
일신(一身)의 화복(禍福)이야 피창(彼蒼)만 미더신둘
외로울손 우리 편모(偏母) 눌노ㅎ여 위안(慰安)ㅎ고
일월(日月)이 고명(高明)ㅎ샤 옥셕(玉石)을 굴희시니

특지(特旨)의 호 말숨이 주명(自鳴)호둘 더홀소냐
죽은 남기 봄을 만나 무론 뼈희 술도치니
남찬(南竄)호나 북젹(北謫)호둘 죄(罪)가 아냐 영광(榮光)일식
투져(投杼)져호던 남은 경혼(驚魂) 의녀(倚閭)호고 감읍(感泣)홀네
이 군은(君恩) 이 텬힝(天幸)은 결초(結梢)호둘 다 갑홀가

  스스로 죄를 묻고자 하는 화자는 향옥에 나아갔지만, 그 죄의 굴레로부터 벗어나기는 어려웠다. 처분을 기다리며 밀려오는 운명은 낮게 벽력이 내려치고 눈 위에 서리가 치는 극악한 상황과 같다. 급박한 재앙이므로 피할 수가 없다. 눈썹에 떨어진 액과 같아서 화자의 화복은 오로지 하늘에 달려 있다. 이 부분에서는 갑자기 들이 닥친 액운을 피하는 화자의 모습이 드러난다. 위급한 상황에서도 화자의 임금에 대한 믿음은 공고했다. 일신의 화복이야 저 푸른 하늘을 믿으면 그만이라고 했는데 이것인 곧 군은이고 천행이었던 것이다. 그리고 임금은 일월처럼 높고 밝아서 옥석을 구분했다. 특지로 목숨을 구해주었으니, 남쪽으로 유배를 가든 북쪽으로 유배를 가든 양자가 모두 화자에게는 영광이라고 하였다. 화자는 자신에게 닥친 재앙이 이미 예상될 수 있었던 것이기도 했다. 그것은 임금이 삼십 여 년 동안이나 분노를 눅이며 반대 정파의 가문에 은혜를 베풀었기 때문이었다. 그러므로 이 임금의 은전은 비록 유배형이 결정되었어도 '죄'를 물은 것이 아니라 오히려 '영광'으로 받아들여졌다. 화자는 남쪽, 북쪽 극변으로 떠나는 유배형을 죄가 아니라 영광으로 보았다. 화자는 자신이 행한 행위로 인한 처벌이 아님에도 불구하고 그것을 이미 결정된 운명으로 받아들인 것이다. 이때 권력

자는 일월이고 그가 내린 특지는 마치 스스로 울린 듯 하다고 보았다. 화자의 운명을 결정해 주는 권력자를 극도로 숭앙하고 있는 모습이다.

1755년 역옥에서 역모자의 공초 과정에서 이광명은 직접 언급되지 않았다. 그러나 이진유에게로 역모가 추율되게 되자, 이광명 역시 자신의 운명을 감지했을 것이다. 그러므로 지방 관아에 스스로 자처해서 나아가 처분을 기다렸다. 사대부 유배가사에서 작자 본인이 스스로 관아에 나아가 처분을 기다리는 현실적인 모습은 거의 없다. 이광명의 유배형을 기다리는 모습은 백주대낮에 벽력이 치고 봄에 눈서리가 날리는 것으로 비유된다. 오직 저 푸른 하늘의 뜻을 믿고 옥석을 가려줄 임금의 혜안을 기대할 뿐이다. 그러므로 거스를 수 없는 운명의 순간에서 생명을 보존하는 것은 천운이었다. 그러므로 "남찬(南竄)ᄒ나 북적(北謫)흔들 죄(罪)가 아냐 영광(榮光)일시"라고 하여서 유배형을 죄를 지은 자가 받는 처벌이 아니라 영광으로 받아들인 것이다. 화자의 목숨을 살린 것은 결국 시혜적인 군은 덕택이었다. 그리고 이것은 비록 이별하게 되었더라도 아들의 위태로운 목숨을 근심했던 어머니의 걱정이 해소되는 과정이었다. 결국 화자는 자신의 운명을 어머니의 처지와 연결해서 인식했던 것이다.

갑산 유배지로 가는 행로에서 화자는 자신과 가문에 닥친 운명을 분명하게 인식했다. 그리고 이 길에서 강화도의 학문적 분위기나 가족의 테두리에서 걸어 나와 냉엄한 외부의 현실을 만나게 된다.

⑤
    양쥬(楊州)라 노던 싸회 구안면(舊顔面)이 다 피(避)호고
    쳥화현(淸化縣) 낫제 들어 쥬인(主人)도 됴타마는
    힝식(行色)이 볼딘 업서 간 곳마다 곤욕(困辱)이라
    자고 새아 가고 가니 뒤길은 날날 머니
    보리 비탈 삼일우(三日雨)에 졍삼(征衫)을 다 적시고
    고산녕(高山嶺) 계유 올나 경국(京國)을 굽어보니
    부운(浮雲)이 폐식(閉塞)호야 남북(南北)을 못 굴횔다
    냥쳔ᄉ(梁泉寺) 츠자들어 ᄉ싱(死生)을 묵도(默禱)호고
    젼졍(前定)을 졈검(點檢)호니 신셰(身世)도 곤익(困厄)호다
    쳥운샹(靑雲上) 녯벗이야 ᄉ거(使車)로 돌녀신들
    탈(頉) 업슨 초원긱(草原客)은 저는조차 도피(逃避)호니
    말 못호는 강산(江山)의 둘이 경식(景色)의 눈을 들가
    낙민누(樂民樓) 만셰교(萬歲橋)롤 쑴결의 디나거다
    관남관북(關南關北) 갈닌 길흘 단쳔(端川)으로 내여노코
    쳥히영(靑海營) 물을 쉬워 부녕(富寧) 격힝(謫行) 히후(邂逅)호예
    길주(吉州) 명쳔(明川) 어드메오 경뢰 샹망(驚雷相望) 머도 멀샤
    안변 참보(安邊慘報) 경통(驚痛)호다 도쳥 도셜(道聽道說) 쑴이과져
    녕남극변(嶺南極邊) 졔도 가디(?) 삼분 오녈(三分五裂) 수졀(愁切)홀샤
    궁황졀막(窮荒絶漠) 일됴노(一條路)에 차신고혈(此身孤孑) 더욱 셟다

지극한 원통함 속에서 유배길을 떠난 화자는 가는 곳마다 곤욕을 겪는다. 최종 도착지인 함경도 갑산에 이르기까지 고양, 의정부, 청

화현, 경흥 고산령, 함흥 낙민루, 함흥 만세교를 차례로 지나왔다. 화자는 함경도 경흥 땅의 고산령에 오르자 비로소 경국을 굽어본다. 가던 길을 멈추고 지나온 곳과 역옥이 일어난 곳을 바라보는 것이다. 여기서 화자가 거리를 두고 보는 것은 사물과 풍경만이 아니라 정치와 권력이다. 화자의 눈에는 경국이 분명하게 드러나지 않고 "부운(浮雲)이 폐식(閉塞)ᄒ야 남북(南北)을 못 굴휠다"고 하였으니 한양에서의 정치적 상황이 녹록치 않음과 동시에 앞으로의 미래도 장담할 수 없다고 본 것이다. 그러므로 이러한 위태로운 상황에서 현실을 벗어나 보려 양천사를 찾아들어서 "ᄉᆞᆼ(死生)을 묵도(黙禱)ᄒ고 젼졍(前定)을 점검(點檢)ᄒ니"한 것이다. 살고 죽는 것을 묵묵히 사유하고 유배지에서 보게 될 현실을 예측해봤다. 화자는 지금 유배길에 오른 현재에도 과거에도 스스로의 신세가 곤액스러웠다. 그리고 이러한 상황이 마치 비현실적이어서 함흥의 명승지인 낙민루와 만세교를 꿈결처럼 지나갔다.

　화자는 향후에 대한 혼란스러운 인식 속에서 혈친들이 겪는 고난을 통해서 각성의 시간을 가져왔다. 함경남북도로 갈라져서 가문의 형제들은 이광언은 단천으로, 이광사는 부령으로, 이광정은 길주로, 이광찬은 명천으로 헤어졌다. 삼분오열되어, 궁황절막한 상황에 처해서, 결국은 이광명 본인은 차신고혈의 처지가 되었다. 유배의 행로는 춥고 쓸쓸한 고립된 변방으로 가는 길이었다. 동시에 가문 족친들의 불운과 고난, 그리고 죽음을 눈으로 목격하는 길이었다. 가문공동체가 분해되고 화자의 고립 역시 더욱 심화되었다. 처음 유배가 결정되었을 때, 이것은 죄가 아니라 영광이라고 했던 자기 위안의 태도는 비로소 그 허상에서 벗어나 현실을 목격한 후에 바뀐다. 더욱이 유배길은 지인과 붕우가 서로 인륜을 지키지 못하는 길이었다. 유배를 떠나면서 어머니와의 인륜을 지키지 못하게 되었고, 유배가 진행되면서는 형제가 갈라졌고, 붕우는 나를 외면하는 상황이 되었다. 유배지에 다가가면 갈수록 화자가 속해 있던 가족과 친족, 지인과 친우 사이의 모든 관계망이 무너졌다. 결국에 가서 유배지인 갑산에 도착했을 때 화자는 반역자의 후손으로 국가에서 처벌되고 사회적 공동체에서 배제되고 가족관계는 파괴된 체 홀로 고립된 처지가 된다.

⑥
후치(厚峙) 매덕(賣德) 무인지(無人地)룰 구뷔구뷔 쉬여넘어
능귀촌(能歸村) 더위잡아 호닌역(呼獜驛) 도라들어
빅두산(白頭山) 겻희 두고 녀진국(女眞國) 남은 터희
익가 수풀 헤쳐내여 형극(荊棘)을 열어시니
팔면 부지(八面不知) 일향창(一鄕倉)과 셔식(棲息)을 의탁(依託)ᄒ고
쳑동(尺僮)을 편지 주어 친정(親庭)의 도라갈신
가향(家鄕)은 한ᄀᆞ이라 인ᄌᆞ 니졍(人子離情) 아득ᄒ다
삭풍(朔風)은 들어치고 ᄉᆞ산(四山)은 욱인골의
ᄒᆡ묵은 얼음이오 조츄(早秋)의 눈이오니
빅초(百草)가 션녕(先零)커든 만곡(萬穀) 이 될 셰업닉
귀보리밥 못 니으며 니뿔이아 구경ᄒᆞᆯ가
소치(蔬菜)도 주리거니 어육(魚肉)을 싱각ᄒᆞᆯ가

가죽옷 과하(過夏)ᄒ니 포피(布被)로 어한(禦寒) 엇지
마니사곡(摩尼沙谷) 별건곤(別乾坤)에 산진희착(山珍海錯) 어디 두고
화외 삼갑(化外三甲) 호난 악지(惡地) 빅동만물(百種萬物) 그리는고
츄국 낙영(秋菊落英) 업슨 곳에 녕균(靈均)인들 셕찬(夕餐)홀가
고죽 두견(菰竹杜鵑) 못 들으니 낙텬(樂天)이도 할 말 업닉

유배지 갑산은 이광명 당대에도 이름난 원악지였다.[111] 높이 솟은 낭떠러지가 둘러싼 덕화가 베풀어지지 않는 사람 없는 땅이었다. 굽이굽이 가는 길에 능귀촌과 호린역을 돌아가니 백두산이 옆에 있는 여진의 땅이었다. 그곳에서 주거를 정하고 사면 팔방으로 아는 이 하나 없는 땅에서 생활을 의탁하게 되었다. 그곳에서 떠나온 땅을 돌아갈 것을 생각하니 자식의 심정이 아득하다고 하였다. 거센 바람, 네 산으로 둘러싸인 골짜기에 얼음은 풀리지 않은 채 해를 넘기고, 이른 가을에 눈이 온다고 하였다. 북변의 거칠고 매서운 자연을 먼저 서술했다. 백 가지 풀이 먼저 마르고 만 가지 곡식도 될 리 없는 척박한 풍토이니 귀보리밥도 충분치 않으니 쌀밥은 구경조차 어려웠다. 가죽옷을 입고 여름을 나고 무명 이불로 추위를 어찌 막겠느냐며 북변의 고단한 삶을 나열했다. 이러한 험지이

---

111) 이광명, 「이쥬풍속통」, 『증참의공적소시가』 무어시[나] 난이 아흰제 들으니 황경도 삼갑이란 ᄀ올은 팔도 즁ᄆᆞᆺ막 원악지오 녯녀진의 싸흐로 사ᄅᆞᆷ이 믜우면 삼갑을 보내리라 ᄒ고 밍셰예 올니기ᄂᆞᆯ 듯고 이리와 보기ᄂᆞᆫ ᄭᅮᆷ의도 업더니 삼슈ᄂᆞᆫ 젹은 갑산이라 ᄒ고 갑산은 큰 갑산이라 ᄒᆞ여 억그제 ᄂᆞ라히 류삼쳔니 안치를 보내시매

자 악지인 갑산에 비한다면 강화도 마니산 밑의 고향은 별천지였다. 갑산은 엄혹한 자연에 물산은 부족하고 교화는 이루어지지 않는 오랑캐의 땅이었다. 말 그대로 "화외 삼갑(化外三甲) 호난 악지(惡地)"였다. 갑산은 자연환경이 혹독함과 동시에 사람이 아닌 야만인이 사는 곳이었다. 그리고 화자에게 이 장소와 정반대에 자리 잡은 땅이 강화였다. 뜻 맞는 친우와 스승이 함께 양명학을 탐구하는 교양인의 땅이자 조화로운 자연이 함께 어울리는 곳이었다. 그러므로 이곳에서는 그 어떤 유배객이라도 견디기 어려웠다고 거듭해서 강조했다. 따라서 유배객의 신세였던 굴원이 가을국화를 거두고 심양의 좌천객이었던 백거이가 들었던 비파소리조차 기대할 수 없었다.

⑦
    미친 실음 플쟉시면 분니곤고(分內困苦) 헌수할가
    토산(土山)의 박박쥬(薄薄酒)도 그나마나 미매(賣買) 업고
    기악(妓樂)은 하것마는 어닌 경(景)에 금가(琴歌) 홀가
    댱평산(長平山) 허천강(虛川江)에 유남(遊覽)에도 뜻이 업닉
    민풍(民風)도 후(厚)타호되 웃거라도 아니 온다
    봇덥고 흙닌 방에 두문(杜門)호고 홀노 이셔
    승예(蠅蚋)는 폐창(蔽窓)호고 조갈(蚤蝎)은 만벽(滿壁)혼뒤
    안즌 곳의 히 디우고 누은 자리 밤을 새와
    좀든 밧긔 한숨이오 한숨 쯧히 눈물 일시
    밤밤마다 꿈의 뵈니 꿈을 둘러 샹시(常時)과겨
    학발 ᄌ안(鶴髮慈顔) 못보거든 안족셔신(雁足書信) ᄌ즐 염은
    기ᄃ린들 통이 올가 오노라면 둘이 넘닉

못 본 제는 기다리나 보니는 쉬휠홀가
노친 쇼식(老親消息) 나 모룰 제 내 소식 노친(老親) 알가
쳔산 만슈(天山萬水) 막힌 길희 일반 고사(一般苦思) 뉘 헤울고

유배지의 생활에서 화자는 시름이 쌓여간다. 이것은 박박주로도, 기악과 금가로도 장평산, 허천강의 유람으로도 풀 수가 없다.[112] 그러므로 화자는 파리·모기·빈대·벼룩이 들끓는 유배처소에서 문을 닫고 홀로 고립된다. 이러한 와중에 밤낮으로 꿈속에서도 그리운 이는 어머니이다. 어머니를 못 보거든 서신이라도 자주 오가기를 고대하지만 그것조차 이루어지기 어려웠다. 화자가 기다리는 시간은 달을 넘지만 소식을 받아도 그리움은 시원하게 풀리지 않는다. 내가 노친의 소식을 기다리듯 어머니도 자식의 소식을 기다린다. 그러니 천산만수로 막힌 길에서 소식을 기다려야 하는 답답한 마음을 누가 짐작하겠는가 하고 반문했다. 모친과 화자는 오랜 세월을 함께 하면서 친밀한 정서적 공감대를 마련해 왔다.

결국 화자의 최종적인 의식 지향은 결국 이 고통이 끝나서 어머니 곁으로 돌아가는 것이다.[113] 무심한 세월에 귀향을 가능케 할 임

---

112) 미친 실음 플쟉시면 분닉곤고(分內困苦) 헌ᄉ할가/ 토산(土山)의 박박쥬(薄薄酒)도 그나마나 미매(賣買) 업고/ 기악(妓樂)은 하것마는 어닉 경(景)에 금가(琴歌)홀가/ 댱평산(長平山) 허쳔강(虛川江)에 유남(遊覽)에도 뜻이 업닉/ 민풍(民風)도 후(厚)타흔되 웃거라도 아니 온다
113) 날 보내고 둘 디내어 ᄒ마 거의 반년(半年) 일식/ 일어구러 희포되면 사나마나 무엇홀고/ 고낙(苦落)이 슌환(循環)ᄒ니 어닉 날에 돌아갈고/ 텬샹 금계(天上金鷄) 울어 녜면 우숨 웃고 이 말ᄒ리/ 아마도 우리 셩군 효니하(孝理下)의 명츈(明春) 은경(恩慶) 미츠쇼셔

금의 은혜를 기원했다. 신세 한탄을 그만하고 차라리 잊고자 하지만 그것도 쉽지 않다. 마음속에 있는 한으로 솟아나는 정이 끝끝내 절로 나서 긴긴 낮과 깊은 밤에 천리에 이르는 그리움은 한결 같다고 하였다. 날을 보내고 달을 보내서 유배지에 온 지 거의 반년이 이미 되었다. 이러한 시간의 흐름 속에서 고락 역시 순환하니 돌아갈 때도 있을 것이라고 보았다. 그리고 금계가 울면, 즉 임금이 나를 부르면, 이 운명 역시 웃음으로 맞을 것이라고 하였다. 이러한 기대 아래에서 내년 봄에는 임금의 은혜가 화자에게도 미치기를 소망했다.

이광명의 〈북찬가〉에서 작자의 전체 인생유전을 기술한 것으로 볼 수 있다.[114] 〈북찬가〉가 여타의 사대부 가사와 다른 점은 유배의 시간을 바라보는 관점에 있다. 일반적인 사대부 유배가사의 작자들은 작품 속에서 유배를 주로 한 번 일어난 일회적인 정치적 사건으로 파악한다. 반면에 이광명은 〈북찬가〉에서 유배를 전체 자신의 싱애의 시간에서 눈에 띄는 계기적 사건으로 포착했다.

〈북찬가〉에서 화자의 시간 개념을 보면, 이광명의 전체 인생의 긴 시간이 있고, 유배라는 한 사건이 부조화되어 있다. 사대부들은 흔히 자연의 영속성이나 규범성을 드러내기 위해서 자연 속에서 규

---

[114] 정인숙은 이런 관점을 가져와서 〈북찬가〉는 남성 작자가 가사 장르를 통해서 자신의 이야기를 서술했다고 보았다. 〈북찬가〉에서 작가가 과거의 특정 기억과 공간을 의미화하고 참담한 현실을 환기시키면서 자신을 성찰하는 내면을 보여 준다고 하였다. 「가사 장르를 통해 본 남성의 자전적 술회와 그 의미」, 『고전문학연구』 36, 고전문학회, 2009.

칙적으로 반복되는 시간 인식을 그려낸다. 그것을 위해서 사시와 하루의 주기와 같은 보편적인 시간의 반복에 의한 주기성을 서술한다. 그런데 〈북찬가〉에서는 이런 보편적인 시간관념보다는 한 개인의 일생의 주기성에 주목한다. 이것은 어디나 존재하는 시간이 아니라, 특정 개인의 경험적 시간으로서 화자의 일생이라는 개별성에 초점을 모은다.

내가 어떤 환경과 조건에서 태어났고 중년의 나이에 이르기까지 살아왔는지를 서술하고 그러한 관점에서 연속되는 삶 속에서 중년 이후에 만난 재앙으로서 유배를 인식하고 있다. 그러므로 유배가 결정되고 난 이후에도 유배 자체와 관련된 정치적 시련이 아니라, 흐르는 시간 속에서 피할 수 없는 운명을 수용하는 화자의 모습을 드러내고 있는 것이다. 그리고 이 과정에서 어머니와의 이별은 유배라는 사건 때문에 일어나게 되었지만, 화자의 전체 인생 속에서 더 큰 의미를 지니게 된다. 더욱이 화자가 노년의 시간에 접어들고 어머니는 팔순의 고령으로 죽음에 가까워져 있었다. 그러므로 전체 인생의 마무리 시간에 해당하는 때의 이별이기 때문에 더 감정적이고 애달픈 마음을 자극할 수밖에 없다. 그러므로 유배지에서 화자는 더 조급하고 다급한 마음이 되고 따라서 감정의 노출 강도가 높아진다.

2) 사람다움과 사친(事親)의 정서

유배가사에서는 화자가 유배 생활 과정에서 겪는 다양한 정서가 나타난다. 기본적으로 무고한 자로서 억울한 유형(流刑)을 당하게 된 상황에 대한 분노와 슬픔 등이 표현된다. 갑산 유배에서 화자의 의지는 유배라는 운명에 관여할 수 없었다. 그는 유배를 우연적인 사건, 갑자기 만난 앙화로 서술하고 있지만, 현실적인 화자의 삶의 조건과 맥락을 보면, 그것은 피할 수 없는 필연이었다. 정치적 향배를 고려하면, 개인에게는 우연이겠지만 가문에게는 필연이었다. 유배의 시간이 흐르면서, 외부 세계에 반응하는 화자의 감정은 내면에서 점점 강렬해진다. 그리고 이 감정의 중심에는 이별한 늙은 어머니가 있었다. 이별을 감수해야만 한다는 정서적 슬픔의 기저에는 오륜을 실천할 수 없다는 도덕적 분노가 역시 자리를 잡고 있다. 즉 화자는 스스로 인간의 역할, 사람다움을 보존할 수 없다고 여겼다. 어머니와의 이별의 상황에서 이러한 점들이 잘 드러나고 있고 이 장면은 작품 속에서 확장되어 서술되었다.[115]

〈북찬가〉에는 모친과의 이별과 헤어짐이 두 번 나타난다. 작품의 첫머리에 있는 헤어짐은 헤어지는 중의 광경이다. 반면에 후반부에 배치된 이별은 헤어진 후의 광경이다. 일반적으로 헤어지는 중의 감정이 더 격해지는 것이 당연한데 〈북찬가〉의 경우에서는 헤어진 후에 화자가 이별을 대하는 자세가 더 강렬하다. 그것은 유배 생활이 진행되는 와중에 모자 간 관계망의 파괴가 심각한 지경에 이르렀음을 보여 준다. 모자간에 나타났던 애틋한 이별의 장면을 검토

---

[115] 전체 유배 생활을 나타내는 부분에서 어머니를 그리워하거나 어머니와의 이별을 슬퍼하는 부분이 차지하는 비율이 상당하다.

해 본다.

④
　　소미(素昧)에 강도샹(江都相)도 법(法) 밧괴는 측은(惻隱)커놀
　　지친(至親)의 판금오(判金吾)는 내 언제 져브린가
　　불모지(不毛地) 춧고 추자 극북(極北)에 더지이니
　　북당(北堂)의 미츤 말이 놀나온닷 다힝(多幸)혼 닷
　　험딘(險津)을 혜지 말고 듀야(晝夜)로 돌녀와셔
　　흐ᄅ밤 흐ᄅ나즐 손 잡고 작별(作別)홀시
　　뉵십(六十) 쇠년(衰年) 빅발옹(白髮翁)이 팔질 병친(八耋病親)
써나 올 제
　　수쳔니(數千里) 혼(限) 업손 길 다시 보기 긔약(期約)홀가
　　이 내 졍경(情境) 이내 니별(離別) 고금(古今)의 듯도 못희
　　일식(日色)도 참담(慘憺)커든 텰셕(鐵石)인들 견될손가
　　친의(親意)룰 진졍(鎭定)ᄒ려 모진 ᄆ움 둘너먹고
　　셜운 간댱(肝腸) 설이 담아 눈물을 춤고 춤아
　　하딕(下直) ᄒ고 문(門)을 나니 가슴이 터지거다

　위의 ④ 단락은 첫 번째 이별의 서술이다. 실제 유배형이 결정된 직후 화자는 모친과의 이별을 절절하게 서술하고 있다. 유배가 결정 나고 어머니와 이별의 순간이 되었다. 먼저 향옥에 있는 화자를 만나기 위해서 노친이 노구를 개의치 않고 험한 나루터를 찾아 왔다. 향옥에서 어머니를 마주한 순간부터 유배는 실제적인 현실이 된다. 이때 화자의 나이가 이미 육십이었는데 심지어 병들고 노쇠했고 모친은 팔순의 나이에 이르고 있었다. 그러니 수천 리 떨어져

서 끝없는 길로 멀어지면 서로 살아서 재회할 수 없다. 그래서 지금의 이별을 살아서의 마지막 순간으로 여긴 것이다. 헤어지는 순간에 슬픔의 정서는 극대화된다.[116) 모자의 이별은 하늘도 땅도 공명하는 슬픔이라고 보았다. 그리하여 화자의 슬픈 마음은 "일식(日色)도 참담(慘憺)커든"하는 지경이 되었고 "텰셕(鐵石)인들 견될손가"하였다. 마음을 진정하려고 "모진 ᄆᆞᆷ 둘너먹고"다잡아도 서러움에 눈물이 쏟아졌다. 화자는 감정을 안으로 다스리지 않고 직설적으로 토로하면서 가슴이 터지겠다고 하였다. 화자의 다스리지 못한 감정은 점차 증폭되어 갔다. 어머니에 대한 화자의 각별한 감정은 이광명이 적소에서 지은 한시에서도 절실하게 드러나고 있다.[117)] 어머니와의 이별을 창자를 에이는 한으로 말하면서 딱 한 번만이라도 뵈었으면 하는 간절한 소망을 직설적으로 드러냈다.

유배지에 도착해서 어머니를 그리워하는 화자의 감정은 더욱 깊어진다. 갑산은 사람이 살아가기에는 어려운 원악지였고, 화자는 어려운 생활 속에서도 끊임없이 과거의 기억을 떠올리고 어머니를

---

116) 이충익, 「先考妣合葬誌」, 『椒園遺藁』 册二. 國法. 本聽流人歸葬親. 而爲當路所遏. 先考號慟如不欲生. 每朝夕南向臨哭. 聞者爲之流涕.
117) 이승용, 같은 논문, 21쪽에서 재인용 李匡明, 『贈參議公謫所詩歌』, 陳情

나이 예순에 팔순의 노모 떠나와	六十別來八耋老
삼천리 밖에서 어느덧 두해 째	三千里外二年徂
浯江에선 학업 손 놓은 채 머릿결만 풍성	學蔑浯江髭髮勝
못 가에서 시 읊느라 얼굴빛은 수척	吟來澤畔色容枯
이 몸은 오랫동안 색동옷 입지 못하여	身邊幾曠萊衣着
늘 뜰에서 종종걸음 치던 白魚 생각만	庭下長思鯉對趨
창자 에이는 이별의 한에 죽는 편이 나으니	離恨摧腸寧溘逝
잠시라도 말미 얻어 딱 한번만 뵈었으면	向希一覲假須臾

그리워했다.

⑧
문노라 붉은 둘아 냥지(兩地)의 비최거뇨
ᄯᅩ로고져 ᄯᅳ는 구롬 남텬(南天)으로 듯는고야
흐르는 내히 되여 집 압히 둘넛고져
ᄂᆞ는듯 새나 되여 챵젼(窓前)의 가 노닐고져
내 ᄆᆞ음 혜여ᄒᆞ니 노친 졍사(老親情思) 닐너 무슴
여의(如意) 일흔 뇽(龍)이오 치(鴟) 업슨 ᄇᆡ 아닌가
츄풍(秋風)의 낙엽(落葉) ᄀᆞ히 어드메 가 지박(止泊)ᄒᆞᆯ고
졔퇵(第宅)도 파산(破散)ᄒᆞ고 친쇽(親屬)은 분찬(分竄)ᄒᆞ니
도노(道路)의 방황(彷徨)ᄒᆞᆫ들 할 곳이 젼혀 업ᄂᆡ
어느 ᄧᅢ예 즘으시며 무스거슬 잡습ᄂᆞᆫ고
일졈으리(一點衣履) 숣히더니 어느 ᄌᆞ손 ᄃᆡ신(代身)ᄒᆞᆯ고
나 아니면 뉘 뫼시며 ᄌᆞ모(慈母) 밧긔 날 뉘 괼고
눔의 업슨 모ᄌᆞ 졍니(母子情理) 슈유 샹니(須臾相離) 못 ᄒᆞ더니
조물(造物)을 뮈이건가 이대도록 ᄶᅢ쳐 온고

화자는 유배지에서 생활하면서 이별한 모친을 그리워했다. 그리워하는 마음은 시간이 흐를수록 더욱 깊어졌다. 화자는 달에게 두 땅에 빛을 비추고 있냐고 묻고 구름에게 남쪽으로 가는 길을 따르고 싶다고 하였다. 흐르는 물이 되어 고향집 앞에 가고 싶고, 나는 새가 되어 창가에 노닐고 싶다고 하였다. 달과 구름에게 묻고, 냇물과 새에 자신을 투사해서 화자가 어머니에게 가고 싶은 마음을 고조시켰다. 어머니에게 가고 싶은 마음을 달, 구름, 냇물, 새 등 모든

자연물에 빗대어서 드러냈다. 보이고 느끼는 모든 물상들에게 그리움의 정서를 투영시켰다. 그리고 이러한 내 마음을 헤아려 보니 어머니의 심정이야 이를 바가 없다고 한 것이다. 내 마음에 비쳐서 짐작하면 어머니가 화자를 생각하고 그리워할 심정도 능히 알아챌 수 있었다.

이곳 갑산에서 재앙에 휘말린 화자의 신세는 여의주를 잃어버린 용, 키가 없는 배와 같다. 가을바람에 날리는 낙엽처럼 이리저리 날려 멈출 곳을 모른다. 집은 파산하고 일가친척은 다 흩어졌다. 결국 이 길에서 방황한들 할 일도 없다. 이렇게 삶의 목적을 잃은 화자의 처지에서 버팀목은 오직 어머니뿐이다. 그러므로 어머니의 衣食을 살뜰하게 챙겼던 기억을 되살리며 어느 자손이 본인 대신 그것을 할 것인가 걱정했다. 화자와 어머니는 "나 아니면 뉘 뫼시며 주모(慈母) 밧긔 날 뉘 괼고 놈의 업슨 모주 졍니(母子情理) 슈유 샹니(須臾相離) 못 ᄒ더니" 하는 관계였다. 부모와 자식의 의리로 인륜을 지켜왔던 사이였다. 지금은 서로 이와 같이 있지 못하게 됐으니 조물주를 탓하였다.

화자와 어머니는 감정적으로 위안이 되고 상호적으로 자신의 도덕적 의무를 다하는 관계이다. 그러므로 "나 아니면 뉘 뫼시며 주모(慈母) 밧긔 날 뉘 괼고"라고 한 것이다. 자식으로서 나는 어머니를 봉양하고, 어머니는 나를 자애로써 보살폈다. 어머니와 지냈던 시절의 느낌과 감성은 유배지에서도 계속해서 화자의 기억 속에서 존재했다. 이광명이 어머니와의 이별에서 슬픔의 감정이 폭발하는 것은 더 이상 이러한 윤리의 실현이 어렵다는 것을 깨달았기 때문이다. 서사에서부터 인륜의 실현을 어렵게 하는 자신의 실존적 상황을 서술하고, 그 유일무이한 인륜의 실현 통로로서 어머니를 언급했다. 이러한 정서의 폭발은 이성 혹은 한발 더 나아가 덕성의 실현과도 관계를 맺고 있다고 할 수 있다. 사랑은 인륜을 예감한다는 헤겔의 문구가 환기되는 부분이다. 이것은 어머니와의 감정적 교류와 사적인 친밀함의 인정이 사회적 가치로 전환될 수 있음을 보여준다.

이광명의 〈북찬가〉에서 드러나는 어머니와 화자의 관계는 화자의 정체성과 연결되어 있다. 인간다움이라는 화자의 이상적인 자아상을 실현하기 위해서는 오륜을 지켜야 하고, 이것을 현실에서 구현할 수 있는 직접적인 대상이 어머니였다. 더욱이 어머니의 사랑과 자식으로서의 화자의 경애는 서로 상응하면서 나이가 들면서 점점 공고해진다. 먼 거리에 있는 곳에는 가지도 않았다는[118] 화자의 언급은 이러한 관계의 공고성과 애틋함을 보여준다. 그런데 유배를 떠나게 되면서 이러한 공고한 관계는 무너지고 강화도에서의 편안한 삶을 유지하게 해주었던 임금(사회적 권력)의 인정은 무화된다. 사회적 배제와 무시가 더 강해지면서 화자의 내면과 생활을 유지하게 해주었던 윤리적 규범이 작동되지 않고 더불어서 현실에서의 실제적 삶도 무너진다. 이러한 삶의 불안정의 핵심에 바로 어머니라는 존재의 부재가 있었다. 〈북찬가〉에서 화자가 느끼는 슬픔은 이러한

---

118) 숙슈(菽水)를 못 니워도 슬하(膝下)의 댱시(長侍)호여/ 즈훈(慈訓)을 엄사(嚴師) 삼아 삼천교(三遷敎)를 브라보고 /아들노릇 똘노릇 유ㅇ희(乳兒戱)를 일삼으며/ 친년(親年)이 점고(漸高)호니 원유(遠遊)를 의ᄉ(意思)홀가

배제와 소외로부터 온 것이다. 그리고 이러한 유배의 상황을 벗어나려면, 유배자인 화자의 슬픔이 도덕의 문제, 나아가서는 인륜 실현의 문제로 확장되어야 한다는 것이다. 스피노자는 또한 감정의 힘은 매우 강력해서 해로운 감정-비합리적인 정념-을 극복하는 것은 오로지 이보다 더 강력한 긍정적인 감정, 즉 이성이 촉발한 감정을 통해서만 가능하다고 주장했다.[119]

〈북찬가〉에서 정치적 동인은 시상이나 정서의 흐름에 지속적인 영향력을 발휘하고 있지 못하는 듯하다. 그것은 예상한 사건, 결정된 재앙의 수준이 되어 있었다. 화자가 행동하지도 관여하지도 않았던 사건은 자연스럽게 시간이 흐른 후에는 큰 영향을 미치지 못한다. 그렇기 때문에 화자의 일생에서 가장 중요했던 요소가 유배살이에서도 가장 중요한 것으로 등장한다. 게다가 유배객 스스로가 노년으로 접어들고 있었기에 모친을 향한 정서는 영원한 이별에 대한 격한 반응으로 표출되었다. 이광명은 어머니와의 관계를 지속하고 그것을 통해서 행복한 삶을 추구했다. 이것은 인간다움의 원칙을 깨닫고 그것을 현실적으로 구체화시킬 수 있었던 대상이 어머니였기 때문이다. 근본적인 사랑의 대상이었다. 동시에 어머니가 자신에게 돌려주는 사랑은 이광명이 처한 개인의 실존적 현실 속에서 자신의 정체성을 지킬 수 있는 가장 근본적인 토대였다. 그러므로 이광명은 그 사랑을 지키고 그것을 현실 속에서 구체적인 봉양의 행위로서 드러내고 싶었다. 그런데 그것을 불가능하

---

119) 안토니오 다마지오, 임지원 옮김, 『스피노자의 뇌』, 사이언스북스, 2007, 19쪽.

게 하는 외부적 힘은 다른 사회적 관계망으로부터 왔다. 이 과정에서 가족 내의 사랑이 사회와 국가에 대한 헌신으로 이어질 수 없는 상황이 존재하게 된 것이다. 결론적으로 이런 상황에서 어머니로 상징되는 가족관계의 회복은 사회와 국가로 나갈 수 있는 가장 중요한 요소였다.

3) 성군(聖君)의 효리(孝理) 안에서 효의 실현

유배자로서 이광명이 낯선 유배지에서 자신의 정체성을 확보하려면, 자신이 살게 된 유배지에서 그곳의 거주민들과 관계를 맺으면서 그 세계로 나아가야 한다. 그런데 이광명은 유배자로서 자신의 정체성을 이러한 새로운 정주와 현실의 수용에서 찾지 않았다. 스스로 표현했듯이 "봇 덥고 흙 닌 방에 두문ᄒ고서" 기존에 지켜왔던 윤리규범과 가치관을 유지하고자 한다.

이광명의 삶은 실제로 군주와 어떤 관계를 맺고 있지 않았지만, 그 역시 불온한 이진유 가문의 후손으로서 그의 생존은 군주의 정치적 결정 안에 놓여 있었다. 그는 지식인으로서 자신이 옳다고 생각하는 것을 실현하는 것을 삶의 근간으로 놓고 있었지만, 군주와 군주의 세계 질서로부터 벗어나 있지 않았다. 소년기에 강화로의 이거는 어머니가 결정했지만 청년기가 지난 이후에는 그는 스스로 정제두의 문하에서 학문을 닦는 은거의 삶을 살았다. 이것은 영조의 왕정 아래에서 급소 반역자 집안의 후손으로 선택할 수 있는 삶의 방식이었다. 그런데 이것은 저 고대의 백이와 숙제처럼 부당한 정치 권력에 대항하면서 은거를 선택하고 그것을 의(義)라고 여긴 것과 동일하다고 볼 수는 없다.

⑨
말노 장신(末路藏身) 덜호던가 셕일 건앙(昔日愆殃) 못 씨칠다
텬명(天命)인가 가운(家運)인가 뉘 탓시라 원망(怨望)호고
가묘 신알(家廟晨謁) 구폐(久廢)호고 구목 슈호(丘木守護) 홀 길 업닉
사시 가절(四時佳節) 다 보내고 상여긔신(喪餘忌辰) 도라올 졔
분향 젼쟉(焚香奠酌) 못호올 일 싱닉(生內)예 처음이라
텬애 고훈(天涯孤恨) 더져두고 친변 경샹(親邊景像) 오죽홀가
마지말아 륜낙(淪落)거든 형뎨(兄弟)나 두도던가
형뎨(兄弟)가 죵션(終鮮)커든 ᄌ셩(子姓)이나 니윗던가
독신(獨身)이 무후(無後)호여 시측(侍側)에 의탁(依托) 업시
무훈(無限)훈 애만 쎄워 불효(不孝)도 막대(莫大)호다

화자는 불운한 운명을 확인하고 나서야 이러한 일이 벌어지게 된 원인을 분명하게 인식했다. 인생 말년에 스스로 몸을 숨기는 일이 충분하지 못했고 지난 날의 재앙이 다시 시작됨을 깨닫지 못했다고 했다. 즉 스스로 삼가고 가문의 앙화를 더욱 조심했어야 했는데 그러지 못했다는 것이다. 홀로 있을 때도 스스로 삼가야 했다는 후회가 나타났다. 그렇지만 재앙이 가시화된 이러한 현재는 천명이고 가운이었다. 그러니 탓할 이도 없었고 원망할 것도 없이 그대로 받아들인다. 다만 가묘에 배알하고 구목을 건사하고 기일을 지켜서 향불을 붙이고 잔을 올리는 일조차 할 수 없는 처지가 되었다. '홀

길 업닉', '싱닉예 처음'이라서 해결 방안도 없었다. 결국 해야만 하는 일을 하지 못한 상황이 이어졌다. 자친의 상황이야 오죽할까 하고 한탄했고 대신할 자식과 형제도 없으면서 끝없이 애만 태우게 하였으니 불효가 너무 크다고 하였다.

 화자는 궁극적으로 자신이 인륜을 지킬 수 없게 되었음을 드러내고자 한 것이다. 즉, 영조 시대 조선 사대부 사회의 주류에서 배제된 지식인으로서 존재의 근거가 되었던 도덕적 당위를 실천할 수 없었다. 유배는 왕조의 차원에서만이 아니라 가족과 친족의 차원에서도 화자로 하여금 사람됨을 보존할 수 없게 만들었다. 오륜으로 구현되는 인륜을 지킬 수 없는 상황에 점점 분노하고 있었다. 그것은 천애고아가 겪는 한이 되었고 윤리가 몰락한 일로 여겨졌다. 이러한 상태에서 벗어나고자 하는 염원이 왕으로 대표되는 체제에서 수용되고 인정되지 않을 때, 그 절실한 감정은 단순한 감정을 넘어서는 도덕적 인식에 이른다. 호네트에 따르면 수치심이나 분노는 비인지적인 정서, 느낌, 기분일 뿐 아니라 인지적 기능도 갖고 있다고 하였다. 이러한 모든 부정적 감정 반응은, 그 자체 속에 이미 그 관련자들로 하여금 자신들에게 가해진 불의(不義)를 인지적으로 인식할 수 있게 한다.[120] 그런데 이광명의 경우에 그에게 가해진 정치적 폭력은 불의이지만, 이것을 불의라고 드러내어 비난할 수는 없었다. 그러므로 작자가 이 불의를 천명(天命)과 가운(家運)으로 돌렸을 때, 이 주어진 운명의 고리에서 벗어날 방법을 찾아

---

120) 악셀 호네트, 문성훈·이현재 역, 『인정투쟁』, 사월의책, 2011, 262~263쪽.

야 했다.

　왕권과 노론 주도 세력이 규정하는 이광명의 모습과 스스로가 규정하는 자아상은 서로 부합될 수 없었다. 을해역옥의 여파로 유배자가 되었을 때 이광명은 스스로 선택한 은거의 삶을 사는 선비가 아니라, 왕조에 반역한 범죄자가 되었다. 이러한 정체성은 이광명 스스로의 행위와 실천에 기인한 것이 아니었지만, 주어진 상황은 벗어나기 어려웠다. 작품 속에서 드러나는 감정의 직설적인 토로와 표현을 통해서 화자는 자신의 진실성을 강조하려고 했다. 그리고 이 진실성을 토대로 해서 화자의 언급과 행동이 조선 사회가 요구하는 규범 안에 있음을 드러냈다. 상대방인 님과 님이 속한 진영이 수긍할 수 있는 주관적인 도덕 감정을 진술하려고 했다. 화자가 직접적으로 드러내는 어머니에 대한 그리움, 슬픔, 좌절, 회오와 같은 감정들은 궁극적으로는 당위적인 세계를 드러내어야 한다는 지향점으로 수렴된다. 그러므로 〈북찬가〉는 마치 연군이나 충과 같은 이념적 세계로부터 벗어나 있는 듯하지만, 작품 내부에서 펼쳐지는 주제적 지향점은 매우 당위적인 도덕 법칙이 준용되는 세계를 그려내는 데 있다. 그리고 그 과정에서 작자 자신의 유배 경험이 개별적인 계기가 되고 있다고 볼 수 있다.

　유배와 대비되는 긍정적인 은거의 삶이란 이광명의 개별성을 왕이 소극적으로 묵인했기에 가능했다. 화자는 유배자의 처지가 되면서 그 과거로 돌아갈 수는 없지만, 왕과 화자가 다 해당되는 유교적 삶의 보편적인 원칙을 강조할 수는 있었다. 궁극적으로 화자는 자신과 왕이 모두 수용하고 동의할 수 있는 보편적인 도덕 가치를 추구하였고 그것이 효이다.

⑩
    ᄌᆞ탄 신셰(自歎身世) 홀 일 업서 츌알오 닛쟈ᄒᆞ되
    한(恨)을 삼긴 소소 졍(情)이 뭇뭇마다 절노 나니
    긴긴 낮 깁흔 밤의 쳔니 샹ᄉᆞ(千里相思) 혼ᄌᆞᆯᄌᆞ히
    ᄒᆞᄅᆞ도 열 두재오 ᄒᆞᆫ돌도 셜흔 날에
    날 보내고 돌 디내여 ᄒᆞ마 거의 반년(半年) 일시
    일어구러 히포되면 사나마나 무엇홀고
    고낙(苦落)이 순환(循環)ᄒᆞ니 어니 날에 돌아갈고
    텬샹 금계(天上金鷄) 울어 녜면 우숨 웃고 이 말ᄒᆞ리
    아마도
    우리 셩군 효니하(孝理下)의 명츈(明春) 은경(恩慶) 미츠쇼셔

  화자의 입장에서 미래를 어떻게 볼 것인지가 결사에서 드러났다. 스스로 근심하고 원망하는 일이 이제 소용없고 차라리 잊고자 해도 응어리진 마음이 한이 되어서 곳곳마다 감정이 일어났다. 날과 달을 보내어 해가 지나가면 사나마나 무엇할고 하여 의미 없는 삶이 반복된다고 보았다. 그럼에도 불구하고 여전히 화자는 보편적인 삶의 순환에 기대를 걸었다. 고통과 즐거움은 언제나 돌고 도니 지금의 고통을 견디고 나면 즐거움과 기쁨이 오고 결국 강화로 돌아가 화자의 삶이 회복되기를 기대했다. 그러므로 금계가 울면, 즉 임금이 나를 부르면, 웃으면서 맞을 것이라고 하였다.
  이러한 기대 아래에서 "우리 셩군 효니하(孝理下)"에서 내년 봄에

는 화자에게도 그 은혜가 미치기를 소망했다. 그렇다면 성군의 효리는 무엇인가. 여기서 효리(孝理)는 도덕적 당위로서의 효(孝)를 도덕 원리와 동일하게 본 것이다. 유가에서 개인은 사회적 관계에서 차지하고 있는 위치에 의해서 존재로서의 나의 개별성을 인식한다. 이러한 존재 규정으로부터 인간으로서 실천해야 하는 충, 효, 존현과 같은 도덕적 당위가 도출된다.[121] 존재의 의미를 도덕적 당위의 실천으로 얻게 되는 것이다.

특히 신유가들은 이러한 도덕적 당위 속에는 모두 인(仁)이 원리[理]로서 내재화되어 있다고 보았다. 도덕의 보편적 원리는 항상 개별적 계기들을 통해서 현실에 드러난다고 보고 "리(理)를 적용시켜 '의(義)'를 보존한다"[122]고 하였다. 그러므로 하나의 도덕적 당위에 대한 실천은 우선 그 도덕의 원리를 현실에 실현하는 데 기여할 것이다. 가령 부모에 대한 '효(孝)'의 실천은 그 안에 '인(仁)'이 원리로서 내재화되어 있기 때문에 직접적으로 '인(仁)'을 실현시키는 행동이 될 것이다. 또한 '효(孝)'는 또 다른 도덕적 당위들－예를 들면 군주에 대한 충성과 그 원리를 매개로 하여 통일되어 있기 때문에 군신관계의 질서를 확립시키는 데도 기여할 수 있다. 하나의 도덕에

---

[121] 김홍경, 「주희의 理一分殊說의 두 가지 이론적 원천」, 『동양철학연구』 10, 동양철학연구회, 1989, 185쪽. 유가에서 개인은 군신, 장유, 성현, 귀천과 같은 사회적 관계에서, 나의 존재 위치를 규정하고 나와 관련하여 행동의 기준이 되는 충성, 질서의 준수, 존현, 동정과 같은 도덕적 당위를 끌어냈다. 그리고 이것들은 모두 仁의 원리가 나를 다른 사람과 개별적으로 인식하는 존재 규정을 통해 구체화된 도덕적 단위, 즉 義이다.

[122] 程頤, 「答楊時論西銘書」, 西銘之爲書 推理而存義.

대한 실천은 모든 도덕에 대한 실천이며, 동시에 그 원리를 완전히 실현시키는 실천적 과정이기도 하다. 즉 '효'의 실천은 궁극적으로 '인(仁)'의 세계를 도래하게 한다.[123]

효의 리(理)는 결국 도덕 원칙으로서 모든 인간에게 내재하며 당위적으로 실천해야 한다. 보편성은 항상 개별적인 것을 통해서 반복적으로 현상된다. 보편성에 대한 인식은 실제로 개별 현상 속에서 반복해서 나타나는 특성으로 관찰할 때 가능하다. 따라서 보편성이라는 말 속에는 이미 개별성 속에 나타나는 어떤 특성 상호 간의 통일성이 전제되어 있다. 효의 원리를 중심을 두고 고려한다면 이광명이 그의 어머니에 대한 개별적인 효는 임금의 위치에 있는 권력자에게도 공통적으로 유의미한 것이다. 그리고 이광명은 본인 스스로 인식하는 효를 왕도 동의한다고 보았다. 개별적인 당위와 특수성으로부터 효의 일반 원리와 보편성이 서로 상통한다고 전제한다. 그리고 성군 역시 이 효리의 도덕적 원칙을 인식하기에 그것을 자신의 치세에 적용하려고 한다. 그러므로 효의 도덕적 당위를 실천하려는 화자의 처지를 이해하고 해배를 가능하게 해 줄 것을 호소한 것이다.

유배지에서 이광명의 정체성을 만들어주는 사회적 관계는 자친과의 연결에 있었다. 유교 윤리에서 사람다움이란 오륜을 지켜서 금수와 구분되는 것인데, 이광명으로 하여금 사람다운 사람이 될 수 있도록 해 준 것은 어머니의 존재이다. 그러므로 이 존재에 대한

---

123) 김홍경, 같은 논문, 209쪽.

감사함을 계속 반복해서 작품 속에 드러내고 있는 것이다. 그리고 어머니를 향한 효의 실천은 곧 왕이 이루어내야만 하는 인정(仁政)과 동일한 궤도에 있다고 보았다. 그리고 어머니와의 관계나 그 관계에 놓인 도덕적 실천은 유배의 현실 속에서 군은이 아니면 이루어질 수 없었다. 그러므로 유배자로서 이광명은 왕이 추구하는 인정을 간절히 기대하고 소망했을 것이다.

4) 두 후계의 유배가사에 나타난 유배 인식

유배형을 당한 모든 사대부는 낯설고 험악한 땅에서 고독한 처지에 몰린다. 물리적으로 열악한 자연환경과 만나고 심리적으로도 고립된다. 이러한 시공간에서 유배가사를 창작하고 삶의 의미와 지향하는 가치를 서술한다. 이러한 유배가사에서 사대부 작자는 현재 자신의 처지를 판단해서 그것이 신념의 어긋남, 의도치 않았던 결과, 혹은 운명에 따른 것으로 언급할 수 있었다. 이러한 과정에서 작자가 직접 정치 행위의 당사자일 때에 유배의 이유를 직접 밝힐 수 있다. 그런데 정치 과정에 참여하지 않았던 유배자의 경우에는 자신의 처지를 현재 정치의 결과보다는 과거 정치의 결과로부터 인식할 수밖에 없다. 그것은 자신의 현재가 스스로의 정치적 행위가 아니라 과거 친족의 행위에 연좌된 유배이기 때문이었다. 따라서 현재의 실천보다는 운명의 문제를 거론할 수밖에 없다. 여기에서 화자가 표출하는 연군의 문맥이나 느끼는 감정의 질 역시 다르게 나타날 것이다. 이광사와 이광명은 족친이었던 이진유, 이진검의 역률에 연좌되어 북변으로 유배를 떠났다. 이 둘의 유배에서 전해지는 과거의 그림자는 백부와 친부의 그늘이었다. 여기에는 육친이라는 한 축과 정치적 의리라는 한 축이 함께 얽여 있었다. 그리고 이 두 축 위에서 어떻게 현실 권력(왕권)에 대응하고 복종하며 개인의 시련을 극복해 왔는지가 유배가사의 주제적 지향으로 드러나고 있는 것이다.

　이광사의 경우에 실질적으로 첫 번째 유배 경험이 아니었다. 을해옥사에 연루되어 자신이 유배자가 되기 전에 백부와 친부의 유배 행로를 함께 했었기 때문이다. 친부인 이진검이 1727년 강진의 유배지에서 죽었고 후손이 없는 백부를 따라서 유배지에서 시종하였다. 백부 이진유가 추자도, 제주도, 나주로 이리저리 유배지를 옮겨가면서 겪었던 유배살이의 일부를 이광사가 함께 했다. 1730년 갑술년에 이진유가 형장에서 장살 당하면서, 이광사는 백부의 비참한 죽음이라는 비극적인 체험을 했다. 고관에 올랐던 권력자였던 백부의 죽음은 그에게 큰 충격과 인상을 주었을 것이다. 그러므로 1755년 본인이 유배자가 되었을 때, 그 유배가 완전하게 처음 겪는 낯선 체험은 아니었다. 이 체험은 다시 반복되면서 점점 더 엄혹해지는 현실이었다. 그러므로 두 번의 유배의 경험은 오히려 유배의 현실을 그대로 드러내기보다는 다른 메시지를 전달하려는 선택을 하게 만들었다. 그러므로 〈무인입춘축성가〉에서는 현실을 핍진하게 그리고 유배자가 겪는 분노, 원망, 세상을 풍자하는 마음을 절실하게 드러내기 어려웠다. 이광사의 경우에 이러한 유배자의 마음은 오히려 한시에 절실하게 표현되고 있다. 가사 장르의 서술 양식으로서의 속성이 오히려 서정적 지향성을 억제한다고 하더라도 숭배와 찬양의 목소리를 강조했다는 것은 새로운 의문을 만들어낸다. 왜 면모를 강조하지 않고 숭배하는가? 왜 사적인 감정이 아니라 공적인 公道의 문제로 세상을 이해하는가 하는 문제가 떠오른다.

이광명은 유년 시절부터 환로를 거의 포기하고 강화도로 이거해 학문 탐구에 정진했다. 그는 이광사보다 상대적으로 정파적 대립이 극심했던 정치적 공간에서 더 비켜나 있었다. 그러나 그 역시 가문과 정파로부터 벗어날 수는 없었다. 이광명의 〈북찬가〉에는 화자가 태어나서 강화도로 가서 살게 되는 과정이 먼저 나온다. 어려서부터의 불운을 먼저 서술하고 이러한 불운 가운데서 그나마 행운은 어머니의 존재다. 어머니와 함께 살아가는 삶은 화자에게 인간의 본성을 지킬 수 있는 것이다. 그러다가 이러한 행운을 깨게 되는 것이 바로 유배이다. 유배는 이광명에게 불운의 최대치이자 극점이다. 그리고 이러한 불운은 운명으로부터 온 것이다.

생래적 운명의 가혹함을 수용하여 은둔처사로서 어머니를 모시고 가묘를 지키며 정리와 예의를 갖추는 것으로 여생을 보내고자 하였다. 그러던 와중에 과거의 앙화가 일어났다. 유가에서 사람은 혈연적 연관과 사회적 역할에서 벗어난 채 고립되어 단독적으로 존재할 수 없다고 보았다.[124] 유가적 가치관이 내면화되어 있었던 이

---

124) 신정근, 「'관계'의 고착성과 '탈바꿈'의 자유 사이의 긴장-고대 유가의 '우주적 인간'의 탄생」, 『철학연구』 51, 철학연구회, 2000, 73쪽 참조.

광명의 경우에도 자신의 정체성을 이러한 관계 속에서 파악했다. 그런데 이광명의 개인의 실존적 조건을 보면, 아버지, 신하, 남편으로서의 주어진 역할을 수행할 수 없었다. 그에게 남겨진 것은 어머니였고 그러므로 어머니와의 관계는 남다른 각별한 의미가 있었다. 작품 속에서 유배지의 화자가 그리워하는 대상은 어머니였다. 그러므로 연군보다는 사친의 정이 지배적인 정서가 된다.

이광사와 이광명은 영조의 조정에서 신하의 역할을 한 적이 없었다. 그렇지만 그들 역시 왕조국가의 신하였고 왕과는 충의 의리라는 이념적 토대 위에서 공존했다. 그러므로 유배 죄인이 되었을 때는 당연하게도 왕의 결정을 수용해야만 했다. 이 둘은 왕으로 대표되는 권력의 억압과 폭력에 대해서 다른 방식으로 복종한다. 이광사는 현실을 부정하는 방식으로 태평성대를 칭송하고, 이광명은 자신의 처지를 운명으로 치부하며 왕은 이 상황과는 무관하다는 태도를 취한다. 그렇지만 어떠한 경우에도 그들이 겪은 유배는 사법적 단죄이고 그 원인은 왕권에 대한 부적절한 도전에 대한 응답이었다. 그렇지만, 작자는 이러한 상황에서 스스로의 정의대로만 행동할 수는 없다. 작자가 자신의 무고함으로 간접적으로 드러내면서도 사대부 사회의 보편 윤리와 신념에 기대고자 하는 것이다. 즉, 비록 유배를 당했을지언정 자신의 행동과 태도는 역시 이 보편적 신념에 따른 것이다. 그런데 현실은 이러한 신념과는 너무 괴리되어 있었다. 현실은 항상 이념에 미치지 못하기 때문에, 교의조차도 끊임없이 배신당하고 의심받게 된다. 또한 교의를 믿는 것이 권력/이익 추구의 수단이 되어 버리기 때문에 사람들은 교의 자체가 지니는 신조로서의 활력을 마음속에서 잃기 쉽다.[125] 그럼에도 불구하고 이 사촌 형제들은 유배지에서 유배가사를 창작하면서 자신의 도덕적 신념을 지켜내려고 하였다. 그렇지만 그들이 그려낸 신하의 모습은 완전히 동일하지는 않다.

이광사와 이광명의 작품 속에서 화자가 보여 주는 신하로서의 모습은 서로 다르다. 이광사는 〈무인입춘축성가〉에서 왕과 왕조를 대하는 전형적인 신하, 충신의 모습으로 드러나며 외부 세계를 그러한 관점에서 파악한다. 이성적 화자로서 이성이 주관해서 파악한 현실 그대로의 세상을 드러내지 않고 만들어야만 하는 당위적 세계를 그려낸다. 그러므로 그의 시선은 부령에 있지 않고 오히려 한양에 맞닿아 있다. 한양에서도 현재 살아가는 사람들이 영위하는 일상의 공간이 아니라, 있어야만 하는 진실의 공간을 상정하고 있다.

반면에 이광명은 〈북찬가〉에서 일상·현실의 화자와 당위적 화자가 이중적으로 존재하고 있다. 박진감 있는 현실의 화자는 어머니를 통해서 인간관계를 설정하고 유배지에서 자신의 위치를 파악한다. 이 화자는 유배의 현실을 힘들어하고 어머니를 애타게 그리워한다. 반면에 유학자적 화자는 고래의 충신 관념으로 충만한 자기 정체성을 드러내고자 한다. 〈북찬가〉에서는 현실의 화자가 작품 속에서 더 빈번하고 지배적으로 나타난다. 전자는 경험적 자아의 성

---

125) 와따나베 히로시, 이새롬 역, 『동아시아의 왕권과 사상』, 고려대학교 출판문화원, 2016, 135쪽.

격을 띠고 후자는 당위적 자아로 존재한다. 그러므로 다른 성격의 두 자아의 불일치를 극복할 수 있는 상관관계의 설정이 필요하다. 이러한 경우에 작자는 충신의 관계를 효제의 관계로 환치하는 것이다. 이것은 당대의 시대 상황과도 연결되는 지점이 있다. 영조는 즉위 초부터 왕위계승의 정통성에 대한 시비를 가장 큰 고통을 겪었다. 그리고 그것을 타개하기 위한 계책으로서 '요순의 효제의 도'를 강조하고 그것을 통치 논리로 삼았다. 형인 경종의 혈맥을 잇고 그것을 통치의 기반으로 삼았다. 그리하여 자신의 왕권에 대한 반역과 도전을 윤리적 층위의 문제로 치환했다. 이것은 조선의 국조 이래로 이어져 온 예치의 논리를 한층 강화한 것이었다.

유배가사의 연구에서 작품을 독해할 때 현대의 독자로서 쉽게 납득할 수 없는 지점이 있다. 그것은 사대부 화자가 분노나 좌절보다 연군의 감정을 지속적으로 표출하는 것이다. 물론 어부가적인 동양의 오랜 시가 전통의 역사 속에서 전형화 혹은 고정화된 정서 표출의 양상일 수 있다. 그런데 조선후기 사대부 유배가사에서는 이러한 고정성 혹은 유형성에서 점차 벗어나려는 경향성이 나타난다. 이것은 주로 두 가지 방식으로 드러난다. 한 가지 지점은 과도한 충의 표출이고 다른 한 가지 지점은 충이 아닌 다른 포괄적인 가치로의 이동이다. 전자는 이광사의 〈무인입춘축성가〉에서 드러나고 후자는 이광명의 〈북찬가〉에서 드러난다. 결과적으로 이진유 가계에서는 세대가 내려갈수록 유배자인 화자는 정치적으로 점점 비주류화되어 갔다. 이들이 속한 가문 역시 사회적으로 영향력을 행사할 수 없는 가문이 되었다. 이러다 보니 작품의 내용에서도 변화가 일어났다. 비주류 지식인이자 중앙 권력의 공간에서 멀어진 장소에 소속된 경계인이 되었고 시간이 지날수록 일상을 회복할 수 있는 가능성은 떨어졌다. 결론적으로 유배가사 유형의 장르 내부적인 요소는 약화되었다고 볼 수 있을 것이다.

VI
비극의 종결,
이긍익의 〈죽창곡〉에 나타난 유배의 풍경

　〈죽창곡(竹牕曲)〉[126]은 1755년 을해옥사에 연루되었던 친부 이광사(李匡師)의 유배를 시종했던 이긍익(李肯翊, 1736~1806)의 작품이다. 이긍익은 이름난 서예가인 원교 이광사의 맏아들이자, 실증적인 역사서술로 주목 받는 사서인 『연려실기술(燃藜室記述)』의 저자이기도 하다. 그러므로 〈죽창곡〉은 아들인 이긍익이 지었지만, 그 부친인 이광사의 유배를 창작의 배경으로 있다. 이 명가를 덮쳤던 을해옥사 이후에, 북변 원악지인 부령에서 이광사가 〈무인입춘축성가〉를 지었고, 이배되었던 남해 절도 신지도에서 이긍익이 〈죽창곡〉을 지었다. 이긍익은 종조부인 이진유 사후 6년이 지난 1736년에 출생했다. 1755년에 친부 이광사가 부령으로 유배를 떠나게 되었으니, 이긍익의 나이가 스무 살 때였다. 그리고 7년의 북쪽 지방의 유배 이후에 다시 신지도로 이배되었으니 이긍익의 나이가 스물일곱이었

---

[126] 〈죽창곡〉은 68행 136구의 비교적 짧은 가사이다. 서울대 가람문고에 있는 『가사』에 실려 있으며 가사의 머리에 저자명이 '연녀실'로 되어 있다.

을 때이다.

1. 〈죽창곡〉 선행 연구의 관점 검토

영조 중반에서 후반에 걸친 극렬한 정쟁에 휘말린 급진 소론의 가문이라는 역사적 배경과 그 속에서 부자가 겪은 참담하고 고된 현실 체험과 문학적 형상화는 시가 연구자들의 관심을 끌기에 충분한 것이었다. 〈죽창곡〉에 대한 연구는 70년대에 최강현이 작품의 기본적인 내용을 검토하면서 본격적으로 시작되었다.[127] 후속 논의에서는 주로 유배가사의 사적 흐름에서 이 작품의 위치를 탐색하는 작업들이 이루어졌다.[128] 또한 이진유 가계의 유배가사라는 하나의 집단군을 설정하고 그것에 귀속된 작품으로서 〈죽창곡〉의 특성을 파악하기도 하였다.[129] 일련의 연구를 통해서 〈죽창곡〉의 작자는 유배의 체험보다는 오롯이 님을 향한 그리움이나 애정의 서술에 집중했다고 보았다. 따라서 연구자들은 대체적으로 전대(前代) 이루어

---

127) 최강현,「〈듁창곡(竹牕曲)〉소고」,『어문논집』, 안암어문학회, 1973.
128) 최현재,「조선시대 유배가사의 흐름과 경향성」,『한국시가연구』33, 한국시가학회, 2012. ; 최상은,「유배가사 작품 구조의 전통과 변모」, 박노준 편,『고전시가 엮어읽기(하)』, 태학사, 2003. ; 권현주,「유배가사에 나타난 세계관의 양상 연구」, 영남대학교 박사학위논문, 2019. ; 장수현,「사미인곡계 가사 연구」, 서울대학교 석사학위논문, 2001.
129) 노경순,「이진유 家系 유배가사 연구」,『반교어문연구』31, 반교어문학회, 2011.

진 유배가사의 전형적인 모형으로부터 유추하였을 때 〈죽창곡〉에 나타나는 변화의 모습이 무엇인지를 밝히고자 했다.[130]

이러한 연구들은 〈죽창곡〉을 유형론적인 관점에서 독해하는 것이었다. 그렇기에 작품 속에서 유형의 전형적인 제 요소를 담지하고 있느냐 또는 그것이 어떻게 변화되느냐를 판단의 준거로 삼았다. 결과적으로 연구자들은 이 작품을 조선 후기 유배가사의 흐름에서 어떤 적극적인 변화를 보여주는 작품으로 평가하지는 못했다. 이 작품은 유배가사로 보기에는 사실성이 부족하고 연군가사로 보기에는 절실한 감정의 형상화가 제대로 이루어지지 않았다고 본 것이다.

반면 최근의 연구에서 최홍원은 이러한 유형론적 관점과는 달리 먼저 〈죽창곡〉에 내재하고 있는 작품의 고유한 특질과 그것이 나타나게 된 작가의 의도를 찾아보고자 하였다.[131] 기존의 유배가사나 연군가사와의 상호비교를 통해서 〈죽창곡〉에 표현된 다른 점에 주목하고 그것이 생성된 제 요인을 추론하였다. 그 결과 가문 전체에 부과된 극한의 정치적 상황이 배행자인 화자로 하여금 유배 사실에

---

[130] 최근까지도 유배가사에 대한 통시적 연구에서 〈죽창곡〉은 연구자에 따라서 유배가사에 귀속시키지 않기도 한다. 왜냐하면 〈죽창곡〉은 유배당사자의 노래도 아닐 뿐더러 유배의 여정과 체험이 작품 내에서 지배적으로 나타난다고 보고 있지 않기 때문이다. 그래서 유배가사 자료집에 따라서 〈죽창곡〉은 포함되고 있지 않기도 하다. 주혜린, 「조선후기 유배가사의 서술방식과 내면의식」, 고려대학교 석사학위논문, 2014. ; 이재식 편저, 『유배가사』, 시간의 물레, 2008.
[131] 최홍원, 「정치적 행위로서의 글쓰기, 〈죽창곡〉과 감군의 정서」, 『어문학』 124, 한국어문학회, 2014.

대한 언급을 억제하게 만든 것이라고 파악했다. 또한 1763년에 친부 이광사에게 밀어닥친 노론의 정치적 공격을 막아준 왕에 대한 충군의 정서가 연군을 넘어서는 감군의 정서로 심화되었다고 보았다. 결론적으로 〈죽창곡〉은 당시 정치 상황 속에서 일정한 정치적 의도와 목적을 가졌던 글쓰기라고 보았다. 이 연구는 깊이 있는 시선으로 〈죽창곡〉을 파악하게 하고 작품의 생산 맥락에 대한 의미 있는 시사점을 준다.

기존의 연구들은 유배를 창작의 외부적 환경으로 삼고 있는 〈죽창곡〉이 어떠한 가사 작품인지를 개념적으로 인식하는 데 기여했다. 동시에 유배가사의 사적인 전개 과정에서 이 작품의 유형적 정체성을 파악하고 그 위치를 추론할 수 있는 토대를 만들었다. 또한 작가의 내면에 자리 잡은 창작의 의도를 이해할 수 있게 해 주었다. 그러나 여전히 〈죽창곡〉이라는 작품 자체에 대한 상세한 읽기가 충분하지는 않다.

처음 〈죽창곡〉을 대하는 연구자나 감상자들은 매우 단순한 질문을 하게 된다. 왜 유배자가 아닌 배행자로서 이긍익은 실제 전혀 모르던 사람이었던 임금에 대한 절실한 정을 드러내는 노래를 불렀을까. 유사한 처지에 놓였던 배행자로서 송시열을 시종했던 송주석은 그의 소작인 〈북관곡〉에서는 이런 의식을 잘 드러내지 않는다. 송주석은 〈북관곡〉에서 심지어 임금의 판단을 비판적으로 평가하기도 한다. 그런데 이런 태도는 오히려 매우 자연스러울 수 있다. 이에 대한 해답은 이미 기존의 연구에서도 부분적으로는 이루어져 있다. 그런데 이러한 의문은 그 방향을 바꾸어서 작자가 작품 속에서 무엇을 어떻게 서술했는지로 그 초점을 맞추면 좀 더 입체적이고 설득력 있는 해답을 기대할 수 있다. 작자는 님에 대해서 어떻게 반응하고 서술하는지, 그리고 그 결과 나타나는 연군의 내용이 무엇인지로 논점을 바꿀 수 있다. 이러한 논의를 통해서 실제 젊은 배행자였던 이긍익이 〈죽창곡〉을 통해서 드러내려 한 서정의 세계를 엿보고자 한다.

이긍익의 창작 관련해서 쉽게 간과하는 것은 다음과 같은 사실이다. 그 첫째는 이긍익이 유배형을 받지 않았다는 점이다. 이긍익은 배행자로서 그의 아버지를 보살피기 위해서 유배지 신지도에 머물렀다. 함께 생활하면서 오래 그곳에서 거주하였거나 서울과 신지도 사이를 왕래하였거나 간에 이긍익 역시 유배 절도의 삶을 겪기는 하였다는 점이다. 둘째는 아들 이긍익과 아버지 이광사가 거의 동일한 나이대에 동일한 체험을 한다는 점이다. 이광사 역시 20대 초반에 친부 이진검의 강진 유배를 시종하였고, 1727년 친부의 사후에는 백부 이진유의 유배 생활을 도왔고 그의 삶을 목격했다. 부자의 경험에서 일종의 기시감이 생기고 가문의 비극이 반복되고 있는 것이었다. 그리고 이 반복의 고리를 끊을 수 있는 것이 무엇인가 하는 점을 고민했을 수 있다.

2. 1762년 즈음의 신지도 유배의 상황

이긍익의 〈죽창곡〉 창작은 친부 이광사의 신지도 유배와 직접 관련되어 있다. 1762년에 이광사는 부령의 유배지로부터 남해의 신지도로 이배가 결정되었다. 남해의 절도 신지도로 이배된 이후에는 1777년 8월 임종 시까지 이곳에서 16년 동안 살았다.[132] 이 기간 동안 맏아들인 이긍익은 신지도와 강화도 혹은 신지도와 서울을 오가며 생활하였다고 추론된다. 그리고 아버지의 신지도에서의 유배 생활 동안 〈죽창곡〉을 창작했을 것이다.[133]

이긍익은 아버지가 겪은 유배지에서의 삶을 가족이자 관찰자로서 경험할 수 있었다.[134] 이긍익 부자가 겪었던 두 번의 유배는 모두 동일한 정치 사건에 기인했다. 그것은 조부 세대의 정치적 패배 때문이었다. 이광사의 유배는 1755년의 을해옥사[135]에 연루되면서 시

---

132) 이광려, 「圓嶠先生墓誌」, 『圓嶠集』 권10. 負嶠公生於肅宗乙酉。卒於丁酉。今上卽位之元年也。公坐伯父事。謫配富寧。後移湖南之薪智嶋。凡在謫二十三年。居南爲十六年。二子肯翊、令翊以喪北歸。明年二月某日。葬于長湍某地某向原。配柳氏先塋此。至是同墳焉。
133) 〈죽창곡〉의 창작 연대는 기록으로 남아 있지 않아서 작품의 내용으로 추론할 수밖에 없다. 작품 속에 이광사의 유배 상황을 짐작할 수 있는 "쇠병흔 편친으로 남북의 뉴낙ᄒ니"의 어구로 보아서 이광사가 북변에서 남해로 유배지를 옮긴 이후의 시간임을 알 수 있다. 또한 "츈산의 ᄂ물키고 셕도의 됴개 주어", "히무는 취인ᄒ딕" 등의 어구로 섬 생활이 드러나 있다. 이런 점으로 보아 〈죽창곡〉의 창작은 이배가 시작되었을 1762년 10월 이후부터 이광사가 신지도에서 임종한 1777년 8월 사이의 어느 시점으로 볼 수 있다. 그런데 최강현은 1763년을 창작 시점으로 단정하고 있다. 그 이유는 1763년에 노론의 참소에도 불구하고 영조가 이광사를 옹호했고 그것에 대한 감격의 정서가 작품 속에 드러나고 있기 때문이라고 하였다. 그러나 작품 속에는 이 정치적 사건을 직서하거나 암시한 표현이 거의 없고 연군의 정서 역시 일반적인 경향이므로 창작 시점의 단정은 어려울 듯하다.
134) 이긍익은 부친의 유배와 관련된 기록을 전혀 남기고 있지 않다. 더욱이 이긍익의 문집 역시 전해지지 않아서 창작의 상황을 재구하는 데 어려움이 있다. 그러므로 이 글에서는 부친인 이광사의 글과 관련 기록, 동생인 이영익의 기록, 기타 공적인 역사 기록들을 엮어서 이긍익의 창작 상황을 재구성해 보았다.

작되었다. 처음에는 단순하게 시작되었던 지방 관아의 괘서 사건이 점점 커져서 심각한 국면으로 진입하였다. 옥사의 주범이었던 윤지의 행위가 차츰 구체적으로 밝혀졌고 관련된 소론과 남인, 관료들과 중서배가 잡혀들어왔다. 3월 2일에 윤지의 흉역이 그 뿌리가 신축년·임인년 적도에게 있다고 지적되었고 그 무리의 한 명이었던 이진유에게 역률이 추시되었다.[136] 3월 6일에 이광사는 윤지와 교통한 자취가 있다는 혐의로 친국을 당했다.[137] 3월 8일에는 신장 30대를 맞는 형벌을 당하였고 무고함을 호소했다.[138] 3월 12일에는 부인 유 씨가 잘못된 소문을 듣고 목숨을 끊었고 집안의 가속들은 공포에 짓눌렸다.[139] 집안과 가문으로 재앙이 번져갔다. 하옥되어서

---

135) 논의의 전제로서 을해옥사에 대한 이해는 사학계의 연구 성과를 전적으로 원용했다. 을해옥사의 발단과 전개 과정을 다음의 연구들을 참조하여 이해하였다. 앞선 2장과 4장에서 이 가문의 정치적 굴곡과 을해옥사에 연루된 과정을 상세하게 기술하였다. 조윤선, 「영조대 남형·혹형 폐지 과정의 실태와 흠휼책에 대한 평가」, 『조선시대사학보』 48, 조선시대사학회, 2009, 211~253쪽. ; 조윤선, 「조선후기 영조 31년 을해옥사의 추이와 정치적 의미」, 『한국사학보』 37, 고려사학회, 2009, 233~263쪽. ; 심재우, 「영조대 정치범 처벌을 통해 본 법과 정치 - 을해옥사를 중심으로」, 『정신문화연구』 33(4), 한국학연구원, 2010, 41~68쪽. ; 이경구, 「1740년(영조16) 이후 영조의 정치 운영」, 『역사와 현실』 53, 한국역사연구회, 2004, 23~44쪽. ; 김백철, 『두 얼굴의 영조』, 태학사, 2014. ; 이태진·김백철 엮음, 『조선후기 탕평정치의 재조명 상』, 태학사, 2011. ; 이태진·김백철 엮음, 『조선후기 탕평정치의 재조명 하』, 태학사, 2011.

136) 『영조실록』 83권, 영조 31년, 3월 2일.

137) 『推案及鞫案』 21권, 영조 31년, 3월 6일(기묘).

138) 『推案及鞫案』 21권, 영조 31년, 3월 8일(신사).

139) 이광사, 「亡妻孺人文化柳氏記實」, 『斗南集』 권1 婦人殉節 自古無限從頌 詳審以義勇 決如吾孺人柳氏者 幾希. 匡師被挐 在三月六日 孺人見其狀 已不欲生. 且謂是家人人是中 豈有生理 卽不得生 吾下所顧待 苟活 然我念先考愛育 不忍刃毀遺體. 男子七日不食死 女子八日不食死 八日是吾在世限. 遂不沾勻飲者六日 忽謂

처분을 기다리는 상태가 계속되다가 3월 30일에 이광사는 본율대로 3천리 유형에 처해졌다.[140] 결과적으로 옥사를 주도했던 노론 당국자들은 이광사가 직접적으로 역모에 관여했다고 결론을 낼 수는 없었던 것으로 추론된다. 하지만 역모가 확대되는 과정에서 과거 신임옥사의 당사자였던 백부 이진유에게 대역죄가 추율되고 거기에 연좌되었다.

영조는 을해역옥의 처리 과정에서 냉혹한 군주로서의 면모를 드러내면서, 정치범이었던 사대부에게 그는 전율의 군주로 인식되었다. 심지어 왕은 친국장에서 반역자의 잘린 머리를 들어 올려서 그것을 신하들의 눈앞에서 흔들 정도로 이성을 잃은 분노를 표출하기도 하였다.[141] 그러나 시간이 지나면서 역모를 수습하고 정치적인 마무리를 하려는 노련한 정략가의 면모를 드러냈다. 영조의 입장에서 보자면 소론이든 노론이든 왕정을 이루어나가는 과정에서 지나치게 힘이 쏠리지 않도록 하는 것이 주효한 일이었다. 그리고 형벌의 적용을 통해서 그들을 통제했다. 붕당의 극단적인 경쟁을 해소하고 군주의 권위를 세워 통치 질서를 공고히 하려 한 것이다. 을해

言起 謂下我捕廳 將極罪 孺人聞 卽起 以白綿布自財於屋傍檐梁下. 先緩後急 相機勇斷者 求之古烈婦 果有比乎.

140) 영조 31년, 3월 6일(기묘), 『영조실록』 83권/ 영조 31년, 3월 8일(신사), 『영조실록』 83권/ 영조 31년, 3월 25일(무술), 『영조실록』 83권/ 영조 31년, 3월 30일(계묘), 『영조실록』 83권

141) 영조는 직접 갑옷을 입고 숭례문 누각에 올라 모반자 윤혜의 심문에 참석하였다. 그가 죄를 시인하자 그 즉시 그 자리에서 훈련대장을 시켜 효수하였다. 그리고 그 잘린 머리를 들어서 여러 신하의 눈앞에서 조리 돌렸다. 영조 31년, 5월 기묘, 『영조실록』 84권.

옥사는 붕당을 타파하고 황극을 세워 탕평의 경지로 끌어올리기 위한 기나긴 고심의 결과였다.[142]

을해옥사의 결과 이긍익 가문의 다수가 연좌되었다. 윤지의 집에서 서신이 나온 이광사는 직접 친국을 당하고 형신을 겪어야 했지만, 다른 종형제들은 죽은 백부 이진유의 역률에 연좌되어서 유배형을 당하게 되었다.[143] 그리고 다음 세대에 해당하는 이긍익과 이영익 형제는 연좌되지 않았다.[144] 결과적으로 이진유의 직계 손자인 이승휴와 며느리 大阿只는 각각 거제부와 사천현의 노비로 전락하고 조카 항렬인 이광정, 이광언, 이광찬, 이광현, 이광명, 이광사 등은 모두 머나먼 북변과 남해 절도로 유배 길에 오른다.[145] 처음

---

142) 김백철, 『두 얼굴의 영조』, 태학사, 2014, 114쪽.
143) 백부 이진유가 추율됨에 따라서 그 조카 항렬들은 연좌되어 유배형을 당하였고 이진유 직계에 해당하는 손자와 며느리는 지방 관아의 노비가 되었다. 조선후기 연좌안에 대한 연구에 의하면, 영조 시기의 연좌는 대체로 대명률을 따랐지만 좀 더 조선의 환경에 맞는 방식으로 실행되었던 것으로 추측한다. 대명률의 모반대역죄에 대한 처벌 규정을 보면, 역모를 저지른 자의 16세 이상의 父子는 죽이고 처첩과 손자는 노비로 삼았다. 그리고 백부와 숙부, 조카의 경우에는 유삼천리(流三千里)의 안치형에 처하는 것을 원칙으로 삼았다고 한다. 조선의 연좌의 경우에도 이 대명률에서 크게 벗어나지는 않았다. 이광사 역시 대역죄인인 이진유의 조카로서 연좌되어 유배형을 받게 되지만, 조카의 자식인 이긍익에게는 연좌가 적용되지 않았다. 심재우, 「조선시대 연좌제의 실상-연좌안 분석을 중심으로」, 『한국문화』 55, 서울대학교 규장각 한국학연구원, 2011, 91~94쪽 참조.
144) 이긍익이 형벌을 당한 유배인이 아니라는 점을 기존 논의들에서 이미 적절하게 지적하고 있다. 최홍원은 기존의 연구에서 이긍익을 이광사와 함께 유배자로 서술한 오류를 지적했다.(최홍원, 앞의 논문, 242~243쪽) 권현주는 백부 이진유의 역모에 대한 추율의 결과로서 이광사의 연좌 내용을 당대의 형벌 체계를 고려하여 더욱 상세하게 고찰하여서 이긍익은 해당 사안이 없음을 밝혔다. (권현주, 앞의 논문, 73~76쪽 참조)
145) 『승정원일기』, 영조31년, 3월 11일 기사 逆賊眞儒孫承孝 巨濟府爲奴 子婦大阿只

유배지였던 부령에서 7년 동안 이광사는 고단한 시절을 보내며 근처의 갑산으로 유배를 온 종형제인 이광찬과 교유하며 다수의 한시를 썼다.

친부 이광사의 유배지에서의 삶에 이긍익은 관여했고 맏아들로서 당연한 봉양의 의무를 졌다. 부령 유배 시절에도 이광사를 찾아서 북변을 오고 갔고 고립되었던 이광사 역시 자식들의 방문과 시종을 기대하였다. 이긍익은 1755년에 아버지 이광사가 부령으로 유배를 떠나게 되었을 때 스무 살이었다. 그리고 7년 후 다시 신지도로 이배되었을 때는 스물일곱이었다. 이광사의 유배길에는 이긍익과 이영익 두 아들이 거의 매번 동행하면서 부자의 정을 이어갔다. 다음의 두 시는 이광사가 부령 유배지에서 맏아들인 이긍익이 오기를 기다리는 마음을 읊은 것이다. 마음을 졸이며 고대하던 맏아들이 오자 그것에 대한 감회를 읊고 아들을 만난 기쁨을 솔직하게 드러내었다.

①
비가 와도 걱정 바람 불어도 근심	雨憂風亦憂
오늘밤은 어느 고을에 묵을까?	今夜宿何州
초가주막에서 첫닭 울자 떠난다면	茅店聽鷄發
말머리엔 무서리가 내렸으리라[146]	輕霜在馬頭

泗川縣爲婢 姪匡鼎 吉州牧安置 姪匡彦 熊川縣安置 姪匡贊 明川府安置 姪匡顯 機張縣安置 姪匡明 寧海府安置 姪匡順 端川府安置
146) 이광사, 〈待兒〉, 『斗南集』 권2.

②
이번 길에 어느 날 떠났으며	汝行何日發
길 떠나 며칠이 걸렸느냐	登途爲幾日
근래에 비바람이 많이 쳐서	近來風雨多
걱정한 것 이루 다 어찌 말하랴[147]	憂念可盡說

위의 작품들은 이광사가 북쪽 끝 거친 땅에서 맏아들 긍익을 만나게 된 기쁨을 노래한 시의 일부이다. 첫 번째 시 〈待兒〉는 북쪽으로 올라오는 아들의 노정에 어떤 어려움이 있는지 어느 곳에서 묵을 지를 걱정하는 아버지의 마음이 진술하게 드러나 있다. 긍익이 아비를 그리는 정을 못이겨 초가주막에서 새벽에 일어나 첫닭이 울자 떠난다면, 그 말머리에 무서리가 내렸을 것이라고 짐작하고 있다.[148] 고대하던 아들이 드디어 도착하자, 만남의 기쁨을 〈喜肯子來〉 10수로 노래했다. 두 번째 시에서는 아들을 만나 안부를 묻고 이번 길이 혹여나 고되지 않았는지 우려하고 아비로서 전전긍긍하는 자애로운 마음이 드러나고 있다.

〈喜肯子來〉의 다른 시에서는 집안의 산소에 대한 관리, 목숨을 끊어서 이제는 볼 수 없는 부인에 대한 슬픔, 같이 유배당한 사촌형제들의 안위, 둘째 아들과 막내 여식에 대한 여러 염려들을 진진하게 나열했다. 헤어진 가족이 만나면 기쁨이 남다를 테지만 거듭되

---

147) 이광사, 〈喜肯子來〉1, 『斗南集』 권2.
148) 〈待兒〉와 〈喜肯子來〉는 정양완의 번역을 따른다. 〈喜肯子來〉의 창작과 내용에 대한 논의 역시 정양완의 연구를 참조하였다. 정양완, 『강화학파의 문학과 사상 (2)』, 한국정신문화연구원, 1995, 220~224쪽 참조.

는 집안의 앙화 속에서는 그 감정이 더 깊었을 것이다. 글자 사이사이에서 이제 스물한 살이 되는 아들 이긍익에 대한 사랑과 신뢰를 드러냈다. 본가에 갈 수 없는 이광사의 처지에서 비록 나이는 젊지만 아들에게 집안의 대소사를 맡길 수밖에 없는 상황이었고,[149] 이긍익 역시 현실적으로 그러한 가장의 역할을 수행할 수밖에 없었을 것이다.

그러나 이광사는 여전히 중앙의 노론 세력에게는 문제적 인물로 인식되었다. 그는 문장과 서예로 일가를 이룬 인물이었고 유배지에서도 어느 정도의 학문적 영향력을 유지하고 있었다. 1762년에 사헌부 지평 윤면동은 이광사가 지방인들을 많이 모아서 글과 글씨를 가르치고 변방의 어리석은 백성들을 선동하여 혼란에 빠지게 할 수 있다는 점을 지적했다. 동시에 이런 민심의 이반을 미리 경계하여서 이광사를 절도로 옮기게 해야 한다는 글을 조정에 올린다.[150] 이어서 장령 한필수가 다시 이광사를 진도보다 더 절도인 곳으로 옮겨야 한다고 주장한다.[151] 결국 이광사는 진도보다 더 험지인 신지도로 이배되었다. 이광사의 이배를 두고서 왕과 신료 사이에는 의견의 차이가 있었다. 영조는 이광사의 행동이 다시 국문하여 처벌할 정도로 중한 것으로 파악하지 않았다. 영조는 그의 죄가 을해년

---

149) 이광사, 〈喜肯子來〉10, 『斗南集』 권2. 吾以孤鬱故 나는 외롭고 답답하여/ 程文劇科儒 정문도 과거보는 선비처럼 장난하지만/ 從今都付汝 이제부터 모든 걸 네게 맡기고/ 無事養眞愚 한가히 眞愚나 수양하련다.
150) 『영조실록』 100권, 영조 38년, 7월 25일.
151) 『영조실록』 100권, 영조 38년, 9월 6일.

에 형벌을 받은 자들 중에서 가장 경미하며 단지 백부의 죄에 연루된 것으로 판단했다. 그러므로 불필요한 형벌을 가중하여 소란을 일으켜서 왕도정치를 행하려는 자신의 체모를 떨어뜨릴 필요가 없다고 보았다.[152) 그리고 대사헌 송문재가 이 일을 계속 거론하자 오히려 그를 파직했다. 1763년에도 여전히 이광사에 대한 노론계 관료들의 집요한 국문에 대한 요청이 이어졌지만 영조는 그것을 수용하지 않았다.[153)

신지도로 유배지를 옮긴 이후에 이광사는 문학 창작보다는 서예의 이론화에 집중했고, 아들과 더불어 그림을 그리기도 하였다. 그는 신지도 유배 생활 중에 명필로 이름이 났으며 16년의 유배 기간 동안 원교체라는 필법을 완성했다.[154) 이광사는 신지도에서도 명필로 이름이 났고 그것을 통해서 공동체 내부에서 소통할 수 있었다.

---

152) 이광사, 「述恩 幷序」, 『圓嶠集』 卷三 傳曰匡師以乙亥之人寃輕。而以緣坐故坐謫。政院知悉。六月二日。因諫官復傳啓。答曰匡師事。以乙亥之人寃輕。而頃日處分。不過嚴國體而已。其何更煩。二十四日傳曰凡事有輕有重。混淆其事不嚴。大抵戊申以後。不問酌處者多。而其人浩多。故臺臣亦不能隨爭。至於乙亥。大抵若此者多。昨年復政之後。其在與世俱新之道。此等之請。其宜脫略。而一誣騰傳故紙故嚴飭。則莫知本事。因循彌縫。以匡師爲眞儒之任。無少長皆施律。則雖非法也。猶可言也。匡師則渠之文書。旣無可證之跡。前後供辭。亦有可恕之端。而其時臺臣循環入侍。故不究本事。只以眞儒之任。遽然發啓。莫云頭辭之緊也。古亦有此等者。其若釋之爭之可也。況應坐者。君何以釋哉。不過使之流竄配所而已也。強鞫而殺。非王政之所爲。噫。白首復政。垂裕冲子。此等之處。不可不審。故一番依啓收殺原啓。更爲拿鞫。了當其事。卽在一弛張。而因一匡師逮捕外方。其非國體。一人更拿。百人幾動。豈忍爲此。
153) 『영조실록』 102권, 영조 39년, 6월 24일, 『영조실록』 102권, 영조 39년, 6월 25일.
154) 이승연, 「동국진체의 호남 서맥 형성과 전개 - 남도 서맥을 중심으로」, 『한국사상과 문화』 87, 한국사상문화학회, 2017, 273쪽.

이광사는 일가를 이룬 필법으로 신지도, 완도를 중심으로 글씨로 호남 일대에서 이름을 날렸고 그 결과 다수의 사찰과 전적에 많은 글씨를 남기고 있다.155) 이 시기에 이긍익은 친부의 필법을 계승하여서 한양과 신지도를 오고 가며 친부의 학문을 잇고 서법 지도를 받았다. 이긍익의 해서(楷書)는 이광사와 거의 흡사할 정도로 영향이 컸다고 한다.156) 동시에 이긍익은 이 시절에 아버지를 봉양하면서 자신의 저서인『연려실기술(燃藜室記述)』을 저술했다고 알려져 있다.157) 그러므로 아버지가 아들에게 느끼는 감정과 마찬가지로 아들 역시 그 부친에 대한 정이 남다를 수밖에 없었다. 어려운 시절을 함께 보내면서 학문적, 예술적인 측면에서는 부친과 사승 관계를 맺고 정신적인 교감을 이루어낼 수 있었을 것이다.

조부 이진검과 친부 이광사 그리고 자신의 세대로 이어지는 가족의 시련 속에 더욱 끈끈한 가족애가 형성되었을 것이다. 유교적 윤리 제도 속에서 당연하게 받아들여지는 효제의 윤리가 이 가족의 심리적인 지렛대가 될 수 있었다. 효전 심노숭의 기록에 의하면 이광사는 신지도에서 유배 생활을 할 때도 자긍심을 잃지는 않았던 것으로 보인다.

---

155) 이승연, 위의 논문, 284~287쪽 참조. 정약용은 '탐진촌요'에서 이광사의 영향력을 다음과 같이 기술하고 있다. "시골 아이들의 서법 어찌 그리 엉망인지 점획과 파가 낱낱이 비뚤어졌네./ 필원이 옛 신지도에 열렸으니 하급 관리들까지 모두 이광사를 스승으로 삼았다네."
156) 이승연, 위의 논문, 282쪽.
157) 이존희,「연려실기술의 분석적 고찰-이긍익의 역사 의식을 중심으로」,『한국학보』 7, 일지사, 1981, 148쪽.

나는 예전에 이런 이야기를 들은 적이 있다. 이광사가 신지도에 있을 때, 박을 심어 익으면 그 속을 발라내 자신이 지은 글을 손수 써서 그 속에 넣고 밀랍으로 입구를 봉하여 물가에 띄우며 말하길, "같은 문자를 쓰는 땅에서 이것은 주워 보는 자가 있어 海東에 이광사가 있다는 사실을 알게 된다면 그것으로 만족한다"라고 했다 하니, 그 마음은 참으로 고통스러웠다 할 만 하지만, 일체 명예에 대한 생각을 스스로 잊어버리지 못한 것이다.158)

이긍익 역시 이러한 아버지의 삶의 태도를 지켜보고 영향을 받았을 것이다. 이긍익이 신지도에서 생활했던 것은 연좌제에 의한 유형을 당한 것이 아니었다. 유배형의 당사자인 이광사를 시종한 것이었다. 이것은 개인이 아니라 가문의 문제였고, 대를 이은 비극이었고, 이긍익 개인의 입장에서 보면, 사회적 출세가 친부의 유배 때문에 완전히 불가능해진 것이다. 그러므로 가족의 보존과 사적인 관계의 유지가 무엇보다도 중요한 삶의 과제였다.

둘째 아들인 이영익에 관한 기록에는 신지도에서 이 부자들이 어떤 생활을 했는지를 엿볼 수가 있다.159) 아버지의 유배지에서 아들

---

158) 심노숭, 「山海筆戱」, 『孝田散稿』, 연세대학교 소장본. 余嘗聞李匡師在島種匏及熟 鑿其復 手書所爲文 納其中 以蠟緘口 放流潮頭日 同文之地 有獵而見者 知海東有李匡師足矣 其心可謂良苦 而一切名念 猶不能自忘. 번역은 김영진 역, 『눈물이란 무엇인가』, 태학사, 2001, 130쪽.
159) 李忠翊, 「從祖兄信齋先生家傳」, 『椒園遺藁』 信齋李先生. 諱令翊. 字幼公. 父諱匡師. 文學名世. 號員嶠先生. 我仲祖角里判書公諱眞儉季子也. 先生幼而聰悟絶人. 十餘歲. 所著述已驚人. 年十八. 而員嶠先生坐律. 謫富寧府. 又九歲而徙于湖南之薪智島. 南北極邊也. 先生恒隨侍. 奉養之暇. 專精經訓. 探究前儒論說同異得失. 字字爲之礱礪. 隨有辨難. 理密而辭勁. 使異趣者莫可復申.

은 부친을 봉양하며 경전을 익혀서 자신의 학문을 닦고, 부친의 심기를 어그러뜨리지 않으려고 조심하였다. 늘 가까운 곳에서 보살피며 어린 여동생과 놀아주어 부친이 잠시라도 즐거울 수 있도록 행동했다. 이긍익 역시 시종할 때 유사한 생활을 했을 것으로 추론할 수 있다. 유배지 생활의 곤궁함을 함께 견디고 유자로서의 겸손한 자세를 유지하려고 노력했을 것이다. 늙어가는 부친을 위해서 위안과 평온을 주고자 했다. 그리고 이러한 돌이킬 수 없는 현실을 받아들이고 불안한 정세 속에서 본가와 유배지를 오가며 부친과 자신, 그리고 가족의 안녕을 도모했을 것이다. 이긍익은 이러한 신지도에서의 삶을 〈죽창곡〉을 통해서 드러내려고 하였다. 그러므로 이 노래 속에는 유배자로서 친부의 삶에 대한 관찰과 공감, 그리고 자신의 경험이 함께 공존하고 있었다고 할 것이다.

3. 작품의 구조적 특성과 유배의 내용

작품 속에서 시상의 전개를 따라가 보면, 화자는 님과의 인연이 맺어지지 않음을 스스로의 박명함 때문이라고 지적하면서 시작하여 님의 은혜에 감복하여 님의 수복을 기원하는 마무리로 끝을 맺

事親愛敬備至。不須臾不在側。而未嘗敢小設惰容。時與小妹。嬉戲以娛親意所休息。與親所隔一壁。每夜惕然。如或臨視。不敢酣眠。親或呼與問語。雖夜深。必冠服跪而對

는다. 이 시작에서 마무리로의 의미적인 흐름이 자연스럽게 이어지려면, 먼저 님과 화자 사이에서 어떠한 방식으로든지 작품 속에서 서로 간의 정서적 거리가 좁혀져야 한다. 또한 화자가 이 소통의 결과를 긍정적으로 받아들여야 화자의 정서적 반응이 님의 성덕에 대한 찬사로 자연스럽게 이어질 수 있다. 작품 속에서 화자는 님과의 인연을 간절하게 소망하는 여성이다. 서사에서는 님과의 인연이 이루어지지 않았음을 지적하고 본사로 들어가서는 님의 은혜를 계속 간구한다. 그리고 서술의 과정에서 이 간은(干恩)의 구조를 만들어내는 주요한 의미적인 틀은 화자의 시련과 그것을 극복하게 하는 님의 은혜이다.

작품 내에서 시상의 전개에 따라서 의미 단락을 구분해 보면 다음과 같다.

단락	행	주요 내용
서사	듁챵의 병이 깁고 ~ 박명홈도 그지없다	님과의 연분이 이어지지 않음을 한탄
본사 1	지난으로 ᄭᅮ민 집의 ~ 손솝아 다드르니	님을 위해 외모를 가꾸고 여공과 여덕을 쌓음
본사 2	십니 벽도화의 ~ 기연홈이 고이홀가	세사의 시련과 불운. 님과의 만남은 더욱 어려워짐
본사 3	가괴ᄂᆞ 더뎌 두고 ~ 효양이ᄂᆞ 전일홀가	편친과 남북으로 유락, 효양을 다짐
본사 4	슈의상 더뎌 두고 ~ 님이 ᄲᅧ여 보내도다	편친에게 베풀어진 님의 은혜와 감루
본사 5	결발ᄒᆞ여 모힌 님이 ~ 쳐냥홈을 흐ᄒᆞ소냐	분수 밖의 님의 은혜
결사	허튼 머리 감아 빗고 ~ 님을 밋어 늘그리라	님의 수복을 기원

일반적으로 연군가사에서는 님과의 관계는 헤어짐이 먼저 일어나고 그 후에 다시 만남의 소망으로 그 상황이 설정되는데, 〈죽창곡〉에서는 헤어짐 자체가 본래부터 존재하지 않았다. 그러므로 화자는 처음부터 한탄은 하지만 상실감으로 시작하지 않는다.

〈서사〉
듁챵(竹窓)의 병(病)이 깁고 포금(布衾)이 냉낙(冷落)훈대
돌미나리 훈줌으로 셕찬(夕饌)을 ᄒᆞ쟈터니
샹 우희 그저 노코 님 싱각 ᄒᆞ는 ᄯᅳᆺ은
아리ᄯᅡ온 님의 거동(擧動) 친(親) 훈젹 업건마는
불관(不關)훈 이 내 몸이 님을 조차 삼기오니
월노(月老)의 노(繩)흘 민가 연분(緣分)도 하 듕(重)ᄒᆞ고
조믈(造物)이 새오던가 박명(薄命)홈도 그지업다

서사에서 화자는 님과 자신의 인연을 먼저 거론한다. 돌미나리 한 줌의 소박한 찬으로 저녁밥을 먹으면서 상 머리에서 님 생각을 한다. 그런데 '아리ᄯᅡ온 님'과 화자는 친한 적이 없는 불관한 사이다. 그렇기에 화자가 님을 생각하는 이유는 님과 관계가 없는 본인이 님을 좇아서 생겨났기 때문이다. 이것은 개인의 의지 이전에 운명적으로 결정된 관계라는 것이다. 그러므로 화자는 이러한 인연을 월하노인이 맺어 준 것으로 보았는데, 이 인연이 이어지지 않는 것 역시 조물주가 시샘한 운명 때문이었다. 서사에서는 화자의 현실과 운명을 대비적으로 드러냈다. 현실은 님과 만난 적도 없이 죽창 아래 포금조차 냉락한 공간에 있지만 원래 운명은 월노의 노로 이어

져서 중한 것임을 밝혔다. 그러므로 본사에서는 화자의 현실 속에서 어떻게 이 운명이 자리를 잡게 되는지가 서술될 것이다.

본사에 들어서면서 화자가 님을 위해서 자신의 자질을 키워왔던 과거로부터 순차적으로 현재 화자가 겪고 있는 일들을 서술한다. 과거에 해당하는 본사 1에서는 현재 화자의 행위와 감정, 그리고 태도를 있게 만든 사실들을 나열하고 있다. 그러므로 본사 1은 과거의 상황이지만 나머지 본사들과 계기적으로 연속된다.

〈본사〉 1
지난(芝蘭)으로 쑤민 집의 녀질(麗質)을 길너낼 졔
ᄌ태(姿態)도 ᄒ거니와 지분(脂粉)이라 업슬손가
틔 한 뎜 업슨 양ᄌ(樣子) 빅번 싯고 다시 싯서
황혼(黃昏)이 다둣거든 님의 눈이 고이오려
금침(金針)으로 걸교(乞巧)ᄒ야 칠양금(七襄錦) 빗화 쓰니
운한(雲漢)을 슈(繡)롤 노하 협듕(篋中)의 몰나 두고
슈품(手品)을 픠어 내여 님의 옷 지으리라
션연(嬋娟) 경대측(鏡臺側)의 열녀뎐(烈女傳)을 ᄡᅡ하 두고
미노(薇露)의 손을 ᄯᅵ셔 됴셕(朝夕)으로 을픈 ᄯᅳᆺ은
유한(幽閑) 뎡슉(貞淑)홈이 가훈(家訓)도 잇거니와
고인(古人)의 어딘 ᄒᆡᆼ실(行實) 다 비호려 원(願)ᄒ더니
명챵(明窓)의 디경(對鏡)ᄒ여 운빈(雲鬢)을 고로면서
이팔(二八) 방년(芳年)이 손꼽아 다ᄃᆞ르니

화자는 지초 난초가 꾸며진 집에서 님을 만나기 위한 시간을 보냈다. 이곳에서 화자는 외양을 가꾸고 여공을 익히고 여덕을 쌓았

다. 화자의 노력은 점점 더 높은 차원으로 올라간다. 여질을 길러낼 제 자태를 다듬고 지분으로 단장하고 티 하나 없는 얼굴을 백 번을 다시 씻어서 님의 눈에 곱게 보이고 싶다고 하였다. 외양을 단장하고 나서는 바느질을 배우고 비단을 짜고, 그 옷감에 수를 놓아서 님의 옷을 지었다. 이 모든 수고로움이 님에게 보낼 옷을 만들기 위함이며 동시에 현숙한 여자가 익혀야 할 여공이었다. 그 다음에는 열녀전을 쌓아 두고 고인의 어진 행실을 배웠다. 화자는 이를 통해서 님을 맞을 수 있는 이팔 아름다운 때를 준비한 것이다. 아리따운 님에게 걸맞은 현숙한 여인이 되고자 하여 지, 덕, 체를 가꾸기 위해서 노력했다. 이것은 하늘이 결정한 인연에 더해서 화자 스스로가 익혀서 만남을 준비한 시간들이다. 이러한 외면과 내면의 가꿈은 결국 때가 되면 님을 만날 수 있을 것으로 기대했기 때문이다. 이러한 화자의 마음은 밝은 창이 난 방에서 거울을 보며 귀밑머리를 다듬는 여인의 자태로 형상화된다. 화자의 과거는 님을 만나기 위한 준비 기간이었고 그 시간 동안에 화자는 님을 위하여 온 정성을 다하였다. 이런 과거의 태도는 현재와 이어져 있다.

본사 2와 본사 3에서는 의미의 중심축이 되는 화자의 시련을 서술하고 있다. 이 과정에서 작자 이긍익의 현실을 유추할 수 있는 실존적 목소리가 드러나기도 한다.[160] 최종적인 운명을 향하여 가

---

160) 양정화, 「유배가사의 담론 특성과 사적 전개 양상 연구」, 성균관대학교 박사학위 논문, 2014, 78쪽. 감성에 호소하는 서술방식을 취할 때는 여성 화자의 양식화된 목소리를 드러내고, 이성적 사유에 기반해서 현실을 비판하고자 할 때는 작자의 실존적 성향이 강한 인격적 목소리가 드러난다고 보았다.

는 여정이기도 할 것이다.

> 〈본사〉 2
> 십니(十里) 벽도화(碧桃花)의 구름이 머흔 속의
> 내 쇼식 님 모르고 님의 집 나 모를 졔
> 셰스(世事)의 마(魔)히 고하 홍안(紅顔)이 복(福)이 업셔
> 하룻밤 놀난 우레 풍우(風雨)조차 섯거티니
> 쓸알픠 심근 규화(葵花) 못픠여 이울거다
> 흔 고기 흐린 물이 왼 모슬 더러인다
> 형극(荊棘)의 쩌딘 불이 난혜총(蘭蕙叢)의 붓터오니
> 내 얼골 고은 줄을 님이 엇디 알으시고
> 화공(畵工)의 붓긋흐로 그려 내여 울닐 손가
> 연년(延年)의 가곡(歌曲)으로 씌여다가 도도올가
> 대가티 고든 졀(節)은 님이 더욱 모르려든
> 젹막(寂寞) 황촌(荒村)의 기연(棄捐) 홈이 고이홀가

님과의 만남과 인연 맷기를 고대하던 중에 화자는 불시에 예기치 못했던 장애물을 만나게 된다. 십리에 벽도화가 피었지만 구름이 사납고 험하다고 했으니 님과 나의 조우는 쉽지 않게 되었다. 더욱이 님은 내 소식을 모르고 나는 님의 집을 모르게 되어 있는 상황이다. 그런데 님이 내 소식을 모르는데 왜 나는 님의 소식이 아니라 님의 집을 모르는 것일까? 이것은 화자는 님의 소식을 알고 있거나 알 수 있는 위치이기에 님의 소식에 민감하게 반응하는 상태임을 알 수 있다. 그런데 님 가까이, 즉 님의 장소에는 갈 수 없다. 결국 화자는 님을 고대하지만 님은 화자의 존재 자체를 인지하지 못하고

있는 것이다. 이러한 상황 속에서 "셰스(世事)의 마(魔)히 고하"게 되니 아름다운 얼굴도 복이 없을 수밖에 없다. 더욱이 "하룻밤 놀난 우레 풍우(風雨)조차 섯거티니"라고 하여 일상을 파괴할 시련이 함께 왔음을 서술하였다. 결과적으로 뜰 앞에 심은 해바라기는 피지도 못하고 질 지경이었다. 이 해바라기는 화자의 모습이기도 하다.

본사 2부터는 님과 만날 수 없는 화자의 현실 상황이 암암리에 드러난다. 먼저 한 마리 고기가 흐린 물이 모든 연못을 더럽힌다고 하여 가문에 닥친 앙화를 비유적으로 드러냈다. 형극에 붙은 불은 신지도에 위리안치된 아버지 이광사의 현실이고 이 불길이 나초와 혜초에 붙었다고 했으니 그 아들들에게도 우환이 닥쳤음을 알 수 있다. 그러니 님은 "내 얼골 고은 줄"도 나의 "대가티 고든 졀(節)"도 당연히 알 수 없다. 나의 존재, 그리고 그 존재의 아름다움을 님에게 알리고 싶은 화자의 소망은 "화공(畵工)의 붓긋흐로 그려 내여 울닐 손가"로, "연년(延年)의 가곡(歌曲)으로 씌여다가 도도올가"로 반문하고 있다. 화자의 안타까움은 "울닐 손가", "도도올가"의 연속되는 의문으로 그 강도가 세지고 있다. 하지만 결과적으로는 이러한 화자의 안타까움과 조바심에도 불구하고 여전히 화자는 적막한 황촌에 머무르고 있는 상황에서 벗어날 기미가 없다.

〈본사〉 3
가긔(家飢)는 더뎌 두고 일신(一身)조차 둘디 업서
녕셜(嶺雪)은 식노(塞路)ᄒᆞ고 히무(海霧)는 취인(醉人)ᄒᆞᆫ듸
쇠병(衰病)ᄒᆞᆫ 편친(偏親)으로 남븍(南北)의 뉴낙(流落)ᄒᆞ니

감지(甘旨)논 못보라고 염졔(恬齊)라도 니을손가
인셰(人世)의 삼죵(三從)을 ᄒᆞ가지는 못일워도
원부모(遠父母) 아니ᄒᆞ니 효양(孝養)이ᄂᆞ 젼일(專一)ᄒᆞᆯ가

　본사 3에서는 현실 작가의 인격적인 목소리가 더욱 적극적으로 드러나고 있다. 집안은 굶주리게 되었고[161] 화자 역시 이 한 몸 둘 데 없는 신세가 되었다고 하였다. 그 다음에는 화자가 살게 될 험악한 절도 유형지의 자연을 그려냈다. 높은 재에 쌓인 눈은 길을 막고 바다 위에 자욱하게 낀 안개는 사람을 취하게 만든다고 하였다. 외부와 교통할 수 없는 절도 유배지의 험악한 물리적 조건을 그려낸 것이다. 이때 이광사는 이미 유배 기간이 8년이 넘고 있었으니 긴 유배 생활에 육체적인 쇠약함을 쉽게 추론할 수 있다. 편친이 "남북(南北)의 뉴낙(流落)ᄒᆞ니"라고 했으니 직설적으로 부친의 유배 현실을 드러낸 것이다. 북쪽 끝 함경도 갑산에서 남쪽 끝의 신지도로 이어지는 부친과 화자의 여정은 고난의 연속이었을 것이다. 화자는 이런 처지에서 사면의 어지(御旨)는 바라지도 않고 늙은 아버지가 소박한 끼니를 이을 수 있게 됨을 바란다.
　본사 2와 본사 3에서는 화자에게 닥친 시련을 중점적으로 서술하였다. 본사 2에서는 원인이 나타나고 본사 3에서는 결과가 서술되

---

161) 최강현 이래로 다수 연구자들은 '가긔'를 '家飢'로 어석하고 이해하였다. 그런데 권현주는 '佳期'로 파악하는데 그것이 연속되는 어구들과 의미상 더 자연스럽게 이어진다. 이에 님과의 아름다운 기약이 어그러지고 일신조차 둘 데가 없게 되었다는 뜻으로 이해된다. (권현주, 앞의 논문, 90쪽 참조)

었다. 본사 2에서는 "적막한 황촌에 기연"하게 된 원인과 화자의 처지가 드러났다. 화자는 님을 만나기 위해 기울였던 정성과 소망에도 불구하고 우레와 풍우가 섞어 친 불운을 벗어날 수는 없었다. 본사 3에서는 화자에게 닥친 불운의 결과로 겪게 되는 어려움의 구체적인 내용이 서술된다. 이때 화자는 님의 사랑을 소망하는 여성의 모습을 벗어나서 이긍익 본인의 인격을 드러낸다. 결국 화자는 님과 더불어 만들어내는 관계보다는 오히려 "효양"에 전일하고자 한다.

본사 4와 본사 5에서는 또 다른 의미의 축인 유배의 시련을 견디게 하는 님의 은혜를 서술하고 있다.

〈본사〉 4
슈의샹(繡衣裳) 더뎌 두고 기하거(棄荷裾) 고쳐 닙고
금봉차(金鳳□) 거더 내여 호믜연장 다 갓초아
츈산(春山)의 ᄂ물키고 셕도(汐潮)의 됴개 주어
아젹뫼 ᄀ초리라 듁옥(竹屋)으로 도라오니
모쳠(茅簷)의 빗친 히 궁곡(窮谷)을 머다 말고
샹셔(祥瑞)롭고 ᄃ순 빗티 따드시 볼가셰라
은탕(殷湯)의 비던 그믈 일면(一面)을 마자 푼 듯
셔강(西江)의 터딘 물결 확텰(涸轍)노 ᄲ다딘 듯
학발(鶴髮)이 시름업시 츩뵈오슬 걸메고셔
화봉삼츅(華三封祝) 을푸면서 온견(穩全)도 뫼눈고야
즑업기 그지업고 감누(感漏)가 졀노 날시
일하(日下)의 ᄇ라보니 님 계신대 거위로다

어화 뎌 힛빗츨 님이 뵈여 보내도다

  결국 시련 속에서 화자에게 중요한 것은 부모를 봉양하는 일이 된다. 수 놓았던 고운 옷은 던져두고 소박한 옷으로 갈아입고 호미를 쥐고서 봄산에서 나물 캐고 밀물에 조개 주어서 아침밥을 지으려고 집으로 돌아 왔다. 초가집에도 해가 비추니, 해는 궁벽한 산골이라 해서 비추지 않은 것은 아니라고 하였다. 그러니 그 빛은 상서롭다. 유배지의 궁벽한 처소에도 어김없이 햇빛이 비춘다는 것은 임금의 은덕이 이곳에도 함께 함을 보여준다.

  이어서 은나라 탕왕이 한 명의 백성도 버리지 않고 베푼 은덕과 몹시 고단하고 위급한 사람을 먼저 돌봐야 한다는 장자의 고사를 나열했다. 옛 성인의 덕과 지금의 임금의 덕과 나란히 존재한다. 그래서 이 성인의 은덕을 임금이 부친에게 베푼 은혜로 비유하였다. 임금이 베푼 덕의 온전함과 깊음을 비유를 통해서 서술하고 그 덕 아래에서 느끼는 감은의 정서를 절절하게 서술하였다. 백발의 아버지가 걱정 없이 베옷을 입고 소박한 삶을 살면서 임금의 복을 기원하는 노래를 부른다. 그것을 바라보는 화자는 즐겁기 끝이 없고 감사한 눈물이 절로 나는 것이다. 유배지에서의 소박한 삶과 이러한 삶이 보장될 수 있는 임금의 은혜에 감격했다. 여기서 님과 화자 사이의 관계보다는 님과 유배자인 편친의 관계가 부각된다. 그런데 이때 화자는 님에게 편친의 무죄함을 해명하려고 하지는 않는다. 그러므로 유배지에서 화자가 소망하는 현실은 유배에서 벗어나는 해배가 아니라 유배지에서 순응하는 삶이다.

〈본사〉 5
결발(結髮)ᄒ여 모힌 님이 늙도록 동듀(同住)ᄒ야
군ᄉ랑은 전혀 업고 엄비참(嚴秘讒) 못드러도
심ᄉ(心思)라도 나 모로고 보젼(保全)ᄒ미 얼엽거든
알긴들 그리 알며 밋긴들 그리 밋어
외롭고 쳔(賤)ᄒ 몸의 이대도록 견권(譴綣)ᄒ니
분(分)밧긔 님의 은혜(恩惠) 나도 모를 일이로다
쳔고(千古)의 내친 몸의 못보기는 의논(議論)말고
삼ᄉ잉연(三生緣) 삼긴 후(後)의 처음인가 ᄒ노라
나의 깁흔 졍(情)을 님이 거위 빗쵤션졍
츄야(秋夜) 앙금(鴦衾)이야 뷔엿다 관여(關與)ᄒ며
댱(臟)밧긔 더딘 봉(鳳)이 처냥(凄凉)ᄒ믈 ᄒ(恨)ᄒᆯ소냐

　본사 5에서는 님이 화자와 화자의 편친에게 베푼 은혜의 성격이 좀 더 분명해지고 화자가 님에게 가졌던 감정적인 부족함이 해소된다. 결혼해 늙도록 함께 하다 보면 군사랑이 없고 이간질을 당할 염려조차 없는 부부라도 서로의 마음을 모를 수가 있으며 처음의 마음을 보전하기도 어려운 법이다. 그런데 만난 적도 없는 님이 어떻게 아셨는지 무엇을 보고 믿으셨는지 알 길은 없으나 자신의 본마음을 알아주었으므로 분에 넘치는 은혜에 감사할 수밖에 없다.[162] 이러한 님의 은혜에 화자는 점점 더 감격하여서 "삼생의 인연이 생긴 후에 처음" 있는 것이라고 토로했다. 그렇기 때문에 님의 행위에

---

162) 장수현, 「사미인곡계 가사의 연구」, 서울대학교 석사학위논문, 2001, 57쪽.

대한 원망이나 실망, 아쉬움이 전혀 없게 된다. 그러므로 "츄야(秋夜) 앙금(鴦衾)이야 뷔엿다 관여(關與)ᄒ며"와 "댱(臟)밧긔 더딘 봉(鳳)이 쳐냥(凄凉)홈을 흔(恨)홀소냐"라고 하였으니 원망이나 한스러움이 사라진 것이다.

결론적으로 본사 4와 본사 5에서는 화자와 편친이 함께 겪는 시련이 님의 은혜 덕분에 극복되는 과정이 그려진다. 본사 4에서는 님이 학발의 편친에게 베푼 은혜의 내용이 서술되었다. 궁벽한 띠집에 비친 따스한 빛은 만백성을 차별 없이 돌보는 임금의 성덕이다. 유배자인 부친과 스스로 외롭고 천한 몸으로 자처한 화자도 역시 이 성군의 신민(臣民)이 된다. 그러므로 편친은 은 탕왕과 같은 님의 관대함 아래에서 송축의 노래를 부르며 베옷을 입는 소박한 삶을 영위할 수 있다. 본사 5에서는 이러한 분수 밖의 은혜 덕분에 화자의 정은 더욱 깊어지고 화자의 정서적 결핍은 사라진다. 님의 은혜는 실제적인 삶의 조건을 보장하고 이어서 화자의 정서적 불안을 해소한다.

결사에서 화자는 님의 은혜를 다시 확인하고 감격한 상태에서 님의 수복을 기원하는 것으로 마무리를 짓는다.

〈결사〉
허튼 머리 감아 빗고 박산노(博山爐)의 향(香)을 픠여
낭븍셩(狼北星) ᄇ라면셔 님의 슈(壽)룰 다시 비니
오미(寤寐)의 님을 ᄇ라 고죽한 이 졍셩(精誠)이
연파(烟波)의 쩌나다고 감(減)홀 줄이 업스려든

호믈며 님의 은혜(恩惠) 북당(北堂)의 깁허시니
어즈버 이 몸 죽기 젼은 님을 밋어 늘그리라

  결사는 님의 은혜에 보답코자 하는 화자의 엄숙한 기원으로 마무리된다. 화자는 몸을 단정히 하여 머리를 감아서 빗고 향로에 향을 피우고 하늘을 우러러 천랑성과 북두성을 향해 님의 수복을 빈다. 깨거나 잠들거나 님을 향하는 화자의 정성은 "감흘 줄이 없다"고 확인했다. 더욱이 님의 은혜가 북당에도 깊이 있으니 죽기 전에는 님을 믿겠다고 하였다. 결사에서 화자와 님 사이의 주요 정서는 사랑이 아니라 신뢰이다. 화자의 이러한 태도는 연인을 상정하기보다는 마치 부모와 같은 연장자에 대한 존경과 찬사로 확대된다. 그러므로 이러한 님의 자비와 은덕이 계속되기를 믿는다는 것으로 작품은 끝맺는다.
  님에 대한 감정이 〈죽창곡〉에서는 다양하지 않고 단선적이다. 님을 만나지 못하는 슬픔이나 그러한 상황에 대한 분노, 그리고 애정을 복원하려는 간절함 등의 다채로운 정서가 표현되지 않았다. 시상을 전개하는 과정에서는 세상과 운명을 대하는 부정적인 태도는 점차 약해진다. 그 과정에서 "박명흠도 그지 업다"고 했던 화자의 고립된 처지와 심정은 "어즈버 이 몸 죽기 젼은 님을 밋어 늘그리라"는 화합으로 끝맺고 있다. 이러한 시적 종결을 통해서 우리는 화자와 님의 관계가 시상의 전개를 통해서 정서적 갈등이나 대립이 해소되었음을 추론할 수 있다. 불운한 운명의 시련과 님의 은혜를 통한 극복, 그리고 기원이라는 간은의 구조로 서술이 이어졌다. 이러한 시상의 전개를 통해서 님을 만나지 못해서 생긴 화자의 탄식은 성덕을 베푼 님의 행위에 의해서 충족감으로 바뀐다. 이렇듯 화자가 님의 은혜를 현실에서 인지한 것은 님이 편친에게 베푼 관대함 덕분이었다. 서로 몰랐던 화자와 님의 거리가 화자의 의식 속에서는 시상이 전개될수록 가까워졌다. 그 과정에서 화자는 님을 새롭게 인식한다. 이때 님은 단순히 주어진 운명이 아니라, 화자와 그 부친의 삶을 보존케 하는 힘이자 축수의 대상이 된다.

4. 배행자의 시선과 연군의 의미

배행자의 입장에서 현실은 이상적인 삶이 구현되는 세계가 아니었다. 육친에 대한 비난과 모함이 횡행하고 형벌과 처벌이 일상화된 가혹한 세상이었다. 연좌로 인한 처벌은 모든 가문 구성원들에게 물리적·심리적으로 심대한 타격을 주었다. 그럼에도 불구하고 작품 속에서 화자는 배행자로서 유배의 발단이 되었던 일이나 부친의 입장에 동조하면서 시비를 가리고 있지 않다. 그보다는 부친의 현 상황을 인정하고 그것이 유지되기를 기대하고 있다. 이것은 어쨌든 현실의 정당성을 아버지가 아니라 임금에게 둔 것이다. 부친의 죄상을 드러내거나 혹은 옹호할 때 만나게 되는 도덕적인 딜레마를 피하고자 했다. 그래서 주로 부친이 유배지에서 어떤 태도를 보이느냐를 서술한다. 베옷을 입고 화봉삼축을 읊으면서 숨 죽여 살아가는 소박한 삶은 왕이 강요하는 방식이다. 그리고 이 부친의 삶을 유지하기 위해서 화자 역시 안락했던 과거를 잊고 낫과 호미를 들고 끼니를 이어가도록 노력한다. 즉 무엇이 옳은 것이냐를 직서하거나 항의하지 않고 주어진 환경 속에서 왕의 의지에 순응하는 현상을 서술했다. 그러므로 작품 속에서 화자의 정서와 감정은 격앙되거나 분열적이지 않고 담담하게 드러난다.

〈죽창곡〉의 작자는 이러한 자신의 목소리를 여성 화자를 통해서 드러냈다. 그러나 〈죽창곡〉에 실려 있는 애정의 관계는 기존의 사대부 가사와는 다른 지점이 있다. 흔히 연군형 가사에는 화자가 추구하는 바가 애정의 복원이므로 화자가 상대인 님을 사랑하는 만큼 님도 화자를 사랑해 주기를 바라는 마음이 내재해 있다. 그러나 이긍익의 〈죽창곡〉에서는 작자와 님 사이에서 애정을 통한 관계 맺음이 거의 나타나고 있지 않다. 시상이 전개되는 과정에서 우레와 풍우 같은 시련이 나타나기 전에는 화자 역시 그것을 고대하고 소망하는 태도를 보인다. 그런데 화자의 불운과 시련이 거듭되면서 화자의 시선은 주어진 현실과 편친에게 모아진다. "삼종을 훈 가지는 못일워도", "효양이ᄂ 전일홀가"에서 화자의 의도는 좀 더 분명하게 전달된다. 그러므로 작품의 후반부에서 거듭되는 님의 은혜에 대한 감동은 '효'를 매개로 해서 증폭된 것이다. 작자의 실존적 삶에서 친부의 유배를 시종하는 입장에서 또한 자신은 연좌되지 않았어도, 친부의 운명은 작자와 밀접하게 연결되어 있었다.

유배형의 당사자가 아닌 작자 역시 왕에 대한 태도는 조선의 일반적인 사대부와 대동소이했다. 그래서 화자가 실제로 작품 속에서 드러내는 님에 대한 감정은 전형적이고 관습적인 양상을 띤다. 즉 일반적으로 사대부로서 가져야 하는 임금에 대한 자세나 태도였다. 막스 베버가 말했듯이, 전통적 지배는 옛날부터 통용되어 오는 전통의 신성성과 그 전통에 따라 권위가 부여된 자의 정당성에 대한 평소의 신앙에서 기인하는 것이다.[163] 이긍익 역시 사대부 전통과 그에 기인한 왕권의 신성성에 대한 복종을 마음속에 가지고 있었다. 유교에서 군사부일체론의 주인공이 되는 왕은 하늘을 대신하여 인간 사회를 통치하는 초월자로 이념화되어 있는데, 만물을 생육하는 존재가 인자한 하늘이듯이 인간 사회를 생육하는 왕 역시 인자한 하늘이 되어야 한다는 것이 유학자들의 주장이었기 때문이다. 만물을 생육하는 인자한 하늘의 덕은 생명을 사랑하는 데 있다. 아버지의 덕도 자식을 사랑하는 데 있다. 인간사회를 생육하는 왕의 덕도 당연히 백성들의 생명을 사랑하는 데 있다.[164] 즉, 왕은 국가를 구성하는 백성들을 어버이가 자식을 사랑하듯이 자애로써 다스려야 한다. 조선시대에 왕을 군부라 하는 이유는 어진 정치, 바로 왕도를 추구하는 유교 이념의 표상이었다. 영조가 당대의 치세를 요순에 비견하고 스스로 성군이 되어서 실현하려는 정치도 바로 이것이었다. 그러므로 유배지의 험지에서 이 왕의 덕이 이긍익 본인과 부친 이광사에게 실현되었을 때, 작자 자신에게 내재화되어 있는 왕에 대한 순종과 연군의 정서를 작품에서 아낌없이 드러내었다고 볼 수 있다.

---

163) 막스 베버, 이상률 역, 『관료제』, 문예출판사, 2018.
164) 김석근·김문식·신명호, 『조선시대 국왕 리더십 관』, 역사산책, 2019, 248~249쪽.

이광사는 〈무인입춘축성가〉를 통해서 공적인 관념 체계 속에서 왕(권력)에 대한 순응을 보여주었다.[165] 그리고 이 과정에서 송축이라는 공개적인 찬사를 통해서 왕이 재편하는 체제 속으로 화자 자신이 귀속되고 있음을 대사회적으로 드러내었다. 반면에 이긍익은 시상이 완결되는 작품의 말미에 이르면 화자와 님의 관계가 좀 더 진전된 사적인 관계가 되기를 기대하고 있다. 그러므로 전적인 믿음과 신뢰라는 표현이 드러날 수 있었다. 서사에서부터 시작된 인연 맺기의 소망이 결사에 이르기까지 일관되게 계속되고 있는 것이다. 그리고 작품에서 화자는 왕의 통치 행위를 선정(善政)으로 여기고, 스스로 이 선정의 혜택을 받았다고 보았다. 이광사의 경우에는 이 영조의 선정 속으로 스스로가 관념적으로 들어갔다면, 그 아들 이긍익의 경우에는 유배자인 부친이 선정의 실질적인 혜택을 보았다. 그러므로 이광사가 송축의 관념으로만 연군을 표창했다면, 이긍익은 쌍방의 소통을 갈구하는 연군이 아니라 실재하는 시혜적 은혜로서 연군을 드러내었다고 볼 수 있다. 작자는 사적인 관계를 추구했지만, 결코 사적인 관계를 이룰 수 없다는 현실을 인식하고 그 대안으로서 임금의 시혜를 받는 신민으로서 스스로를 규정했다. 그리고 군주의 일방적 시혜를 받아들이고 감격했다. 여기에는 이러한 시혜조차도 쉽지 않았던 가문의 위기가 창작의 문맥에 있었던 것이다.

작품 속에서 화자가 님에게 보내는 메시지는 충(忠)과 신(信)이 함

---

165) 남정희, 「〈무인입춘축성가(戊寅立春祝聖歌)〉에 나타난 유배체험 형상화의 이면과 의미」, 『한국고전연구』 32, 한국고전연구학회, 2015, 25쪽.

께 했다. 위기의 순간에 수직적 관계에 놓인 왕을 믿는다는 태도는 왕의 선의와 정의, 그리고 왕다움을 인정하는 것이다. 이것은 한편은 권위에 대한 복종이기도 하다. 그렇기에 〈죽창곡〉의 결사에 나오는 화자가 님을 믿는다는 것은 단순히 신뢰한다는 의미 그 이상을 포함하고 있을 것이다. 주희는 충(忠)이란 자기의 마음을 다하는 것이고, 신(信)이란 실제로써 하는 것이라고 하였고, 신(信)을 다시 말을 실제로써 하는 경우와 일을 실제로써 하는 경우로 나누어 보았다.[166] 신(信)은 '오상(五常)의 신(信)'과 '충신(忠信)의 신(信)'으로 구분해 볼 수 있는데, '오상의 신'이 인간의 언행을 통해 드러난 것이 '충신의 신'이다. 이러한 주자학적 신(信) 개념은 내면에서 우러나오는 믿음의 실제성을 중시하는 것이다.[167] 죽창곡 화자에게서 나타나는 일관된 마음 상태. 즉 님이 무엇이라고 하든지 혹은 님이 나의 존재를 알든지 말든지 내가 나의 정성을 다하는 행보는 왕에 대한 충심이 된다. 그리고 이 충을 통해서 신이 발현되고 있는 것이다.

이긍익에게는 언제나 불온한 가문의 후손이라는 굴레가 씌워져 있었다. 이러한 공인된 사회적 시선으로부터 벗어날 방법은 스스로 견지하는 정성된 마음가짐뿐이었다. 그러므로 화자는 자신과 가문이 모두 성군인 님을 믿고 그의 백성임을 증명코자 했다. 이때 자신과 자신이 속한 가족 공동체가 자신들을 규정하는 세계의 권력자를

---

166) 주희, 『論語集註』, 學而 4장, 盡己之謂, 忠, 以實之謂, 信. ; 學而 6장, 信者, 言之實也.
167) 정지연, 「『논어』의 信에 대한 연구 - 주희와 진순의 관점을 중심으로」, 『한문학보』 36, 우리한문학회, 2017, 11~12쪽.

믿고 그의 의지에 순응함을 드러낼 필요가 있었을 것이다. 그것을 위해서 아버지인 이광사는 하늘을 덮을 성상의 은혜로 현실을 규정하였지만[168] 이긍익은 유배 현실의 비참함을 당위로 포장하지는 못했다. 그러나 자신 역시 왕의 은혜 속으로 편입되기를 소망했다. 그것은 불행한 세계에서 벗어나 불행하지 않은 세계로 가려는 지극히 당연하고 소박한 기대였다.

대부분의 유배가사에서는 작품의 근저에 작자가 실제 감지하고 괴로워하는 윤리적 딜레마가 놓여 있다. 그것은 신하로서 고수해야 하는 충의 실현이 현실적으로 불가능하기 때문이다. 그런데 이 작품에서는 효의 윤리를 통해서 군신 간에 나타나는 충신의 윤리에 닿고자 했다. 군신 간의 관계에서 나타나는 통치의 윤리에서 부모를 모시는 효제의 윤리로 전환되고 있다. 이것은 효제의 윤리를 앞세워서가 아니라, 화자의 입장이 충이 아니라 효를 추구할 수밖에 없는 억압적 상황에 놓여 있었기 때문이다. 그리고 효제로부터 충

---

168) 이광사, 「答孫翊書」, 『두남집』 3책, 유정열, 「이광찬의 비평 연구-評斗南을 중심으로」, 서울대학교 석사학위논문, 2011, 81쪽에서 번역 인용. 只要言安樂如前 反究之 有以也 余蒙聖上天覆之恩 生於萬死之中 一息未泯前 無非沐恩涵澤之日 凍餓憂戚 無非至樂 頌祝懽怵 以卒殘生 不亦宜乎 吾心內只有此 而更無他矣. 身外之變怪凶禍 亦不欲知也. (…) 心實安樂 與人強說窮愁 望其哀憐 予所媿者. 다만 안락함을 전처럼 계속 말하려는 것은 돌이켜 생각해 봐도 이유가 있기 때문이다. 나는 하늘을 덮을 성상(聖上)의 은혜를 입어 만 번 죽을 가운데에서 살아났으니 숨이 끊기기 전에는 은택을 입지 않은 날이 없을 것이다. 그러므로 춥고 굶주리며 근심하는 것조차 지극한 즐거움이 아님이 없으니, 송축하고 기뻐함으로써 남은 생을 마치는 게 마땅하지 않겠느냐? 내 마음속엔 다만 이것이 있을 뿐이지 또 다른 뜻은 없다. 몸 밖의 변괴와 흉화는 알고 싶지도 않구나. (…) 마음이 진실로 안락한데도 다른 사람들에게 곤궁함과 근심을 억지로 말하며 동정을 바라는 것은 내가 부끄럽게 여기는 바다.

신으로 확장하는 윤리적 관계의 설정이 아니라, 효제를 희구하기 위해서는 충신이 필요하다는 자아의 인식이 있었다. 즉 효를 이루기 위해서는 임금과의 정당한 관계가 미리 전제하고 있어야 하는 것이다. 이러한 작자의 도덕적 감성과 의식이 작품 속에서 연군(戀君)이자 감군(感君)의 형태로 드러난 것이다.

여성 화자의 목소리를 통해서 화자는 자신의 감정을 표현하고 시련을 서술했지만, 현실의 개입이 이루어지면서 작자의 인격적 목소리가 개입하여 함께 드러났다. 이 과정에서 배행자인 이긍익과 부친이 겪는 연좌제적인 고통이 담담한 어조로 서술되고 유배의 체험은 소극적인 양상으로 드러났다. 배행자이자 유배 현실의 목격자였던 아들이라는 상황이 유배 체험을 직설적으로 드러내는 것을 제어하는 역할을 했다. 그리고 동시대에 다수의 일가 족친이 유배를 당하여 일가가 모두 몸을 사려야 하는 현실적 조건이 이미 전제하고 있었기 때문에 유배가사를 통한 발언의 수위 역시 당연히 조절될 수밖에 없었다. 이 과정에서 이긍익은 자신과 부친의 생존과 안녕을 우선시하면서 그것을 이루게 한 님의 은혜에 감동했다. 비록 사대부로서 자신의 사회적 이상을 실현할 수 없는 궁벽한 처지였지만, 자존감을 잃지 않고 담담한 어조를 유지할 수 있었다. 결과적으로 작품 속에서는 효제와 충신의 논리와 의식이 함께 드러났다고 할 것이다.

참고 문헌

1. 자료

『숙종실록』
『경종실록』
『영조실록』
『정조실록』
『推案及鞫案』 21권.
李匡師, 『斗南集』, 서울대 규장각 소장 필사본, 4권 1책.
_____, 『圓嶠集選』, 한국정신문화연구원 장서각 소장 필사본 10권. 李匡師, 圓嶠集, 한국문집총간 221, 민족문화추진회.
_____, 『신편원교이광사문집』, 시간의 물레, 2005.
李匡呂, 『李參奉集』, 한국문집총간 237, 민족문화추진회. 2002.
李肯翊, 『燃藜室記述』, 경문사, 1976.
鄭齊斗, 『국역 하곡집』(Ⅰ·Ⅱ), 고전국역총서71, 민족문화문고간행회, 1986.
李忠翊, 『草原遺稿』.
李匡明, 『贈參議公謫所詩歌』(국사편찬위원회 필사본).
이필하 편, 『전주이씨덕천군파보』, 아세아 문화사.
임기중, 『한국가사문학주해연구』, 아세아문화사, 2009.

2. 논문 및 단행본

강석중, 「李匡師 文論 研究」, 서울대학교 석사학위논문, 1991.
고수연, 「영조 대 무신난 연구의 현황과 과제」, 『호서사학』 39, 호서사학회, 2004.
고순희, 「18세기 정치현실과 가사문학-〈별사미인곡〉과 〈속사미인곡〉-」, 『어문학』 78, 한국어문학회, 2002.
_____, 「18세기 정치현실과 가사문학-〈별사미인곡〉과 〈속사미인곡〉을 중심으로」, 『어문학』 78, 한국어문학회, 2004.
권현주, 「송주석의 〈북관곡〉 연구」, 『어문학』 143, 어문학회, 2019.

권현주, 「유배가사에 나타난 세계관의 양상 연구」, 영남대학교 박사학위논문, 2019.
금장태, 『한국 양명학의 쟁점』, 서울대학교출판문화원, 2008.
김경숙, 「조선시대 유배형의 집행과 그 사례」, 『사학연구』 55·56, 한국사학회, 1998.
김경옥, 『섬과 바다의 사회사』, 민속원, 2012.
_____, 『조선후기 도서연구』, 2004, 혜안.
김낙진, 「의리-공존과 공익을 위한 모색」, 『조선유학의 개념들』, 한국사상사연구회, 예문서원, 2003.
김동준, 「부녕 유배기 이광사 한시의 내면과 진정의 지평」, 『한국한시연구』 13, 2005.
김명준, 「〈북찬가〉의 주제 의식과 '효'의 의미」, 『Journal of Korean culture』 22, 한국어문학 국제학술포럼, 2013.
김백철, 『두 얼굴의 영조』, 태학사, 2014.
김상준, 「조선시대의 예송과 모랄폴리틱」, 『한국사회학』 35(2), 한국사회학회, 2001.
김석근, 「조선시대 군신관계의 에토스와 그 특성-비교사상적인 시각에서」, 『한국정치학회보』 29(1), 한국정치학회, 1995.
김석근·김문식·신명호, 『조선시대 국왕 리더십 관(觀)』, 역사산책, 2018.
김성윤, 「영조대 중반의 정국과 '임오화변'」, 『역사와 경계』 43, 2002.
_____, 「정조의 경세론과 효제 윤리」, 『한국실학연구』 23, 한국실학학회, 2012.
_____, 『조선후기 탕평정치 연구』, 지식산업사, 1997.
김정자, 「정조대 전반기의 정국변동과 정치세력의 변화」, 『한국학논총』 37, 국민대학교 한국학연구소, 2012.
김준혁, 「정조대 정치 체제운영과 개혁정책」, 『동양정치사상사』 7(2), 한국동양정치사상사학회, 2008.
김학성, 「가사의 실현과 과정과 근대적 지향」, 『근대문학의 형성과정』, 문학과지성사, 1983.
_____, 「가사의 장르성격 재론」, 『한국시가문학연구』, 신구문화사, 1983.
_____, 「가사의 정체성과 담론 특성」, 『한국고전시가의 정체성』, 성균관대 출판

부, 2002.
김해영, 「정조의 孝治思想 구조」, 『유교사상연구』 43, 한국유교학회, 2011.
남정희, 「〈무인입춘축성가(戊寅立春祝聖歌)〉에 나타난 유배 체험 형상화의 이면과 의미」, 『한국고전연구』 32, 한국고전연구학회, 2015.
_____, 「1755년 을해역옥과 이광명의 〈북찬가〉에 나타나는 유배 체험과 그 의미」, 『이화어문연구』 57, 이화어문학회, 2022.
_____, 「이긍익 소작 〈죽창곡(竹牎曲)〉의 특징과 연군의 문맥 고찰」, 『동양고전연구』 79, 동양고전학회, 2020.
노경순, 「이진유 家系 유배가사 연구」, 『반교어문연구』 31, 반교어문학회, 2011.
막스 베버, 이상률 역, 『유교와 도교』, 문예출판사, 2003.
미조구치 유조, 정태섭·김용천 역, 『중국의 공과 사』, 신서원, 2004.
미조구치 유조, 최진석 역, 『개념과 시대로 읽는 중국 사상 명강의』, 소나무, 2004.
박광용, 『조선후기 탕평 연구』, 서울대학교 박사학위논문, 1994.
박종성, 『조선은 법가의 나라였는가 – 죄와 벌의 통치 공학』, 인간사랑, 2007.
박현모, 『정치가 정조』, 푸른 역사, 2001.
서경숙, 「원교 이광사의 양명학」, 『양명학』 3, 한국양명학회, 1999.
서원섭, 「사미인곡계 가사의 비교 연구」, 『가사문학연구』, 형설출판사, 1991.
_____, 「속사미인곡 연구」, 『가사문학연구』, 형설출판사, 1991.
송양섭, 『18세기 조선의 공공성과 민본이념 – 손상익하의 정치학, 그 이상과 현실』, 태학사, 2015.
신명호·원창애·이민주·이왕무·정해은, 『국왕과 양반의 소통 구조』, 역사산책, 2019.
신정근, 「'관계'의 고착성과 '탈바꿈'의 자유 사이의 긴장–고대 유가의 '우주적 인간'의 탄생」, 『철학연구』 51, 철학연구회, 2000.
심경호, 『江華學派의 文學과 思想』 (3), 한국정신문화연구원, 1995.
심경호·길진숙·유동환 공편, 『신편 원교 이광사 문집』, 시간의 물레, 2005.
심재우, 「영조대 정치범 처벌을 통해 본 법과 정치 – 을해옥사를 중심으로」, 『정신문화연구』 33(4), 한국학중앙연구원, 2010.
_____, 「조선시대 연좌제의 실상–연좌안 분석을 중심으로」, 『한국문화』 55, 서울대학교 규장각 한국학연구원, 2011.

양정화, 「유배가사의 담론 특성과 사적 전개 양상」, 성균관대학교 박사학위논문, 2014.
우부식, 「유배가사연구」, 충남대학교 박사학위논문, 2005.
유봉학, 『개혁과 갈등의 시대-정조와 19세기』, 신구문화사, 2008.
윤재철, 「이진유의 속사미인곡 연구」, 한국교원대학교 석사학위논문, 1994.
윤정, 「18세기 국왕의 '문치' 사상 연구」, 서울대학교 박사학위논문, 2007.
이경구, 「1740년(영조16) 이후 영조의 정치 운영」, 『역사와 현실』 53, 한국역사연구회, 2004.
_____, 「정조와 세도정치 이해를 위한 세 가지 고려」, 『내일을 여는 역사』 68, 재단법인 통일시대민족문화재단, 2017.
_____, 「조선후기 안동 김문의 의리관」, 『조선시대사학보』 64, 조선시대사학회, 2013.
이남옥, 「전주이씨 덕천군파 이경직 가문의 내력과 지역적 전개」, 『양명학』 57, 한국양명학회, 2020.
이병기, 「별사미인곡과 속사미인곡에 대하여」, 『국어국문학』 15, 국어국문학회, 1956.
이상무, 「유배가사연구」, 전북대학교 석사학위논문, 1990.
이상보, 「절도 유배의 한」, 『문학사상』 45, 문학사상사, 1976.
이성무, 『동양 삼국의 왕권과 관료제』, 국학자료원, 1999.
이성무·정만조 외, 『조선후기 당쟁의 종합적 검토』, 한국정신문화연구원, 1992.
이승연, 「동국진체의 호남 서맥 형성과 전개-남도서맥을 중심으로」, 『한국사상과 문화』 87, 한국사상문화학회, 2017.
이승용, 「〈증참의공적소시가〉를 통해 이광명 한시의 일고찰」, 『한문학논집』 50, 근역한문학회, 2018.
이완우, 「원교 이광사의 서론」, 『간송문화』 38, 1990.
_____, 「員嶠 李匡師의 書藝」, 『美術史學研究』 190·191, 한국미술사학회, 1991.
이우진·이남옥, 「강화학파 형성담론의 재구성-계보학적 접근 방식을 중심으로」, 『양명학』 33, 한국양명학회, 2012.
이재식, 「유배가사 연구상의 문제점 고찰: 기존 연구에 대한 재고를 중심으로」, 건국대학교 석사학위논문, 1987.

이재식, 「유배가사연구」, 건국대학교 박사학위논문, 1993.
이재준, 「유배가사 갈등 구조 및 사대부 집단의식의 변화 양상과 그 의미」, 서울시
    립대학교 석사학위논문, 2010.
이태진·김백철 엮음, 『조선후기 탕평정치의 재조명 상』, 태학사, 2011.
_____, 『조선후기 탕평정치의 재조명 하』, 태학사, 2011.
장선영, 「조선후기 유형과 절도정배의 추이」, 『지방사와 지방문화』 4(2), 역사문
    화학회, 2001.
장수현, 「사미인곡계 가사 연구」, 서울대학교 석사학위논문, 2001.
정만조, 「영조대 중반의 정국과 탕평책의 재정립」, 『역사학보』 111, 역사학회,
    1986.
_____, 「영조대 초반의 탕평책과 탕평파의 활동」, 『진단학보』 56, 진단학회, 1983.
정명세, 「이광명의 유배시조고」, 『어문학』 47, 한국어문학회, 1986.
정석종, 「영조무신란의 진행과 그 성격」, 『조선후기의 정치와 사상』, 한길사,
    1994.
정양완, 「이광사론-원교 이광사의 인간애에 대하여」, 『조선후기한문학작가론』,
    집문당, 1994.
_____, 『江華學派의 文學과 思想』 (1), 한국정신문화연구원, 1993.
_____, 『江華學派의 文學과 思想』 (2), 한국정신문화연구원, 1995.
정연식, 「조선시대의 유배생활 - 조선후기에 나타난 사례를 중심으로」, 『인문논
    총』 9, 서울여대 인문과학연구소, 2002.
정인숙, 「조선후기 연군가사의 전개양상 연구」, 서울대학교 석사학위논문, 1994.
정흥모, 「영조조의 유배가사 연구-〈속사미인곡〉과 〈북찬가〉를 중심으로」, 『국어
    문학』, 국어문학회, 2008.
_____, 『조선후기 사대부 시가에 나타난 세계 인식』, 월인, 2001.
조성산, 「원교 이광사의 이기심성론과 자연학」, 『한국인물사연구』, 한국인물사
    연구회, 2008.
_____, 「조선후기 서인, 노론의 풍속 인식과 그 기원」, 『사학연구』 102, 한국사
    학회, 2011.
조윤선, 「영조 6년(경술년) 모반 사건의 내용과 그 성격」, 『조선시대사학보』 42,
    조선시대사학회, 2007.

조윤선, 「영조대 남형·혹형 폐지 과정의 실태와 흠휼책에 대한 평가」, 『조선시대사학보』 48, 조선시대사학회, 2009.
＿＿＿, 「조선후기 영조 31년 을해옥사의 추이와 정치적 의미」, 『한국사학보』 37, 고려사학회, 2009.
주혜린, 「조선후기 유배가사의 서술방식과 내면의식」, 고려대학교 석사학위논문, 2014.
陳來, 전병욱 옮김, 『양명철학』, 예문서원, 2003.
최강현, 「〈듁창곡(竹牕曲)〉 소고」, 『어문논집』, 안암어문학회, 1973.
＿＿＿, 「〈무인입춘축성가〉에 대하여 : 해제 및 평가」, 『시문학』 24, 시문학사, 1973.
최상은, 「연군가사의 짜임새와 미의식」, 『조선 사대부가사의 미의식과 문학성』, 보고사, 2004.
＿＿＿, 「유배가사 작품 구조의 전통과 변모」, 박노준 편, 『고전시가 엮어읽기 (하)』, 태학사, 2003.
최성환, 「정조대 탕평 정국의 군신 의리 연구」, 서울대학교 박사학위논문, 2009.
＿＿＿, 「조선후기 추자도 유배인의 추이와 생활 양상」, 『도서문화』 37, 국립목포대학교 도서문화연구원, 2011.
최현재, 「〈별사미인곡〉과 〈속사미인곡〉에 나타난 연군의식 비교 고찰」, 『우리말글』 48, 우리말글학회, 2010.
＿＿＿, 「조선시대 유배가사의 흐름과 경향성」, 『한국시가연구』 33, 한국시가학회, 2012.
최홍원, 「공간을 중심으로 한 〈북찬가〉의 새로운 이해와 접근」, 『국어국문학』 167, 국어국문학회, 2014.
＿＿＿, 「정치적 행위로서의 글쓰기, 〈죽창곡〉과 감군의 정서」, 『어문학』 124, 한국어문학회, 2014.
한국사상사연구회, 『조선유학의 개념들』, 예문서원, 2002.
한형조, 「기질은 선한가-아버지 원교의 양명학과 아들 신재의 주자학」, 『정신문화연구』 34(2), 한국정신문화연구원, 2011.
홍순민, 「붕당정치의 동요와 환국의 빈발」, 『조선후기 탕평정치의 재조명』, 태학사, 2010.

찾아보기

ㄱ

가계 15
가문 16, 89, 202
가문공동체 142
가문의 정파성 84
가운(家運) 158
가족애 54
간은 197
감군 173
감군은(感君恩) 61, 64
감성적인 교류 43
감시 50
감은 194
감정 반응 158
갑산 92~94, 131
갑술환국 37
강진 33
강화도 88, 134
개별성 17
경계인 169
경낙 136
경술년 옥사 85
경종 22, 32
『경종실록』 28
경종의 훙서 32
경험적 시간 60

경험적 자아 167
경화 135
고신원루 45
공도(公道) 120
공동체 19
공적 의지 120
공치(共治) 137
관계망 43
관용 124
괘서 사건 37, 80, 82
교화의 대상 56
구언(求言) 24
구조적인 틀 60
군사(君師) 21
군신(君臣) 127
군신관계 77, 121, 126
군은 56, 65, 71, 73, 103, 163
권력 65, 76
권위 34
권첨 37
규범 105
규범성 118
규범적 114
규범적 윤리 34
극변 139
근왕부경(勤王赴京) 35

금계 147
급소 34, 81, 83
급수와 완수 37
급진 세력 26
기(氣) 129
기원 102, 115, 197
기유처분 98
길주 93, 142
김상규 33
김일경 22, 29
김중기 37
김춘택 15

ㄴ

나주 33, 35, 80
나주영장 35
낙민루 142
낙토 40, 46
남성화자 43
남인 35, 80
남주대도회 46
남해 48
남해의 절도 33
내면의 불안정성 61
내포 18
노년 155
노년기 133
노론 22, 35, 80
노론계 182
노론 4대신 24
노·소론 21
노·소론 의리 97

ㄷ

단천 142
당론 126
당위적 76
당위적 자아 168
당위적 화자 167
『黨議通略』 31
당쟁 32, 126
당파 32, 34
대급수 25
덕 127
도덕 감정 159
도덕 법칙 108, 128
도덕 원칙 162
도덕적 관계 73
도덕적 당위 161
도덕적 인식 158
독자성 17
동일성 123
딜레마 50, 74

ㄹ

리듬 60
리듬감 43

ㅁ

만세교 142
명문(名門) 83
명분론 121
명천 93, 142
모역 95
목호룡 23

〈무인입춘축성가(戊寅立春祝聖歌)〉
    16, 101, 122
문맥 17
문학적 관습 77
미인곡계 55
미인곡계 가사 15
미인곡류 42

ㅂ

박시제중 108
박필몽 29
박필현 35
반역 82, 90
반역자 91, 97
배제 155
배행자 16, 198, 204
백년형극 65
백부 18
번토운와 56
보수주인 47
보은 69
보편 윤리 166
부령 90, 93, 101, 179
〈북관곡〉 173
북변 93, 96, 115
〈북찬가(北竄歌)〉 16, 131
분열과 대립 34
불안감 60
불안한 내면 65
불온 202
비극 22
비주류 19, 114, 126

ㅅ

사대부 유배가사 15, 18
사시 60
사시의 체험 39
사신 33
사친(事親) 16, 131, 148, 166
3대 19
삼수역(三手逆) 79
삼종혈맥 34
상징적 질서 73
상호동일성 77
생생의 리 129
생애 주기 133
생의(生意) 106
생의론 108
서예 182
서종하 37
성(性) 129
성군(聖君) 110, 156, 196
성대(聖代) 125
성덕(聖德) 130
성왕 47, 66
세습적 정당성 34
세제 26, 34
소급수 25
소년기 136
소론 17, 21, 22, 34
소론계 80
소론계 관료 81
소론 급진파 35, 97
소론 명문가 17
소론 세력 34

소론 준론 23
소외 155
〈속사미인곡(續思美人曲)〉 15, 35, 39
송문재 87
송주석 15, 173
송축 101, 103, 114, 115, 120, 201
순환 60
스피노자 155
시간의 구도 55
시권 사건 95
신(信) 202
신뢰(에토스) 71
신민(臣民) 196
신유대훈 80, 96
신지도 170, 174
신축년(1721) 22
신축소 23
심수현 35
심정연 95

ㅇ
암살 34
어지(御旨) 192
언앙굴신 55
여성 화자 41, 43, 69
역모 사건 38
역사적 기억 74
연군 16, 61, 75, 103, 122
연군의식 16
연군의 정서 74, 75, 103
연군형 가사 199
연루 35

연모 102
연속성 60
연잉군 23
연좌 18, 163, 164, 198
영조 15, 19, 22, 32, 74, 78, 137, 171
영조 6년 경술년 36
예치 168
오륜 154
오명환 35
오상(五常)의 신(信) 202
왕 19, 34, 74
왕권의 윤리성 123
왕도 200
왕세제 22
왕위 34
왕위 계승 22, 79
왕정 78
왕통 32
용서와 형벌 38
운명 19, 71, 91, 98, 139, 165
운명론 117
원교체 182
원악지 40, 48, 49
유교적 성군 127
유년기 133
유배 16, 19
유배가사 15, 20, 50
유배객 70
유배 경험 133
유배 공간 16
유배길 42
유배생활 54

유배의 체험 43
유배 인식 163
유배지 17, 39
유배형 33, 74, 89
유형론 17
윤광철 86
윤리적 딜레마 203
윤성시 37
윤지 81, 82, 86
윤취상 81
은거 134
은덕 65
은폐 77
은혜 66
을해역옥 78, 82, 96
을해옥사 84, 89
의금부 86, 87
의례 122
의리 121
의미적 지향 43
의식 지향 19
이건창 31
이광명 15, 16, 78, 87, 131
이광사 15~17, 78, 84, 101, 108, 109, 174
이광언 142
이광정 142
이광좌 31, 35
이광찬 142
이긍익 15, 16, 170
이기론 108, 128
이면 61

이배 34, 181
이성적 화자 167
이영익 184
이원화 49
이은(異恩) 45, 61
이직 33
이진 항구 49
이진검 48
이진유 15, 17, 28, 35, 37, 84
이진유 가계 15, 20, 83
이진유 가문 15
인(仁) 108, 161
인군 107
인덕 110
인륜 154
인자(仁者) 108
인정(仁政) 67, 108, 129
임인옥사 27, 28, 79
임인옥안 79
입도 60

ㅈ

자연의 생의 108, 128
장년기 133
장르 18
재생지덕(再生之德) 95
전주 이씨 17
전후은포 47
정미환국 34
정사효 37
정서적 질감 19
정서적 태도 19

정쟁 17
정적 34
정치의리(입장) 66, 79
정치자원 124
정치적 상황 16
정치적인 문맥 67
정통성 22
정파 30
정호 108
제왕 107
조만성 35
조선후기 15, 17
조운규 80
조제 보합 34
주기성 148
주류 126
주자의 의리 56
주자학 55, 202
주희 202
〈죽창곡(竹牕曲)〉 16, 170
준론 22, 31
집단의 경험 74

ㅊ
찬양 114
참언 42
처벌 50
천명(天命) 158
청(淸) 42
청년기 133
체험 51, 131
초월자 200

최필웅 36
추국장 85
추율 91
추자도 34, 35, 40
춘첩자 102, 110
충(忠) 34, 120, 202
충신 73
충신연주지사 77
충신(忠信)의 신(信) 202
충심 67
충역의 논리 75
충정 70
친국 81, 87, 98
친친 137

ㅌ
탕평 19, 34
태평성대 101, 105, 113
태평성세 115
통치 시스템 74

ㅍ
편친 194
평지수 25

ㅎ
하루 60
하루와 사시 60
함흥 142
해배 16, 94, 127
해서(楷書) 183
해석의 지평 16

형벌　124
형상화　172
형신　86, 87
호네트　158
화봉삼축　198
화자　16, 43
환국　24
효(孝)　156, 161, 199
효리(孝理)　156, 161
효양　193
효제　168, 203
후계　163
후계자　34
후기　15
후손　15, 17, 83

「訓家篇」　119
훙서　81

연도

1725년　17
1727년　35
1728년　35
1730년　78
1740년　78
1755년　140
1756년　91
1758년　17
1763년　17
18세기　18

저자 남정희

이화여자대학교에서 한국 고전 시가를 공부해서 「18세기 경화사족의 시조 향유와 창작 양상에 관한 연구」로 박사학위를 받았다. 현재는 홍익대학교에서 고전시가와 구비문학, 그리고 국문학 일반론을 가르치고 있다. 근래에는 18세기 사대부의 유배 경험에 집중하면서 그들의 유배가사의 창작을 연대기적으로 계속 탐구하고 있다. 연구 저작으로는 「18세기 후반, 이방익의 〈홍리가〉에 나타난 유배 체험과 인식 고찰」, 「18세기 절도 유배가사에 나타난 풍속을 바라보는 두 시선과 그 의미 - 이진유와 이방익의 소작을 중심으로」, 「이긍익 소작 〈죽창곡〉의 특징과 연군의 문맥 고찰」, 「18세기 말-19세기 초, 김이익의 유배 체험과 〈금강중용도가〉 창작에 관한 고찰」, 『18세기 경화사족의 시조 창작과 향유』, 『생각잇기, 명저로부터 쓰기』, 『19세 초엽, 김이익의 유배 현실과 유배 시가의 창작』 등이 있다.

조선후기 이진유 가계 유배가사 창작의 맥락과 작품 세계의 탐구

2025년 8월 8일 초판 1쇄 펴냄

지은이 남정희
펴낸이 김흥국
펴낸곳 보고사

책임편집 이소희
표지디자인 김규범

등록 1990년 12월 13일 제6-0429호
주소 경기도 파주시 회동길 337-15 보고사
전화 031-955-9797
팩스 02-922-6990
메일 bogosabooks@naver.com
http://www.bogosabooks.co.kr

ISBN 979-11-6587-914-3 93810
ⓒ 남정희, 2025

정가 16,000원
사전 동의 없는 무단 전재 및 복제를 금합니다.
잘못 만들어진 책은 바꾸어 드립니다.